DIE WÜSTE ATMET FREIHEIT

Barbara Hodgson

DIE WÜSTE ATMET FREIHEIT

Reisende Frauen im Orient 1717 bis 1930

Aus dem Englischen von
Brigitte Beier
und Gisela Sturm

Barbara Hodgson, geboren 1955, ist als Buchgestalterin und Autorin tätig. Neben vier Romanen hat sie mehrere illustrierte Sachbücher sowie (als Ko-Autorin) einen fiktionalen Paris-Reiseführer verfasst. In ihrem Buch *Die Krinoline bleibt in Kairo. Reisende Frauen 1650 bis 1900* berichtet sie von Reisen von Frauen in aller Welt. Barbara Hodgson lebt in Vancouver, Kanada.

EINBAND-VORDERSEITE
OBEN: *Rosita Forbes, als Beduinenscheich verkleidet.*
Forbes 1921, 3

EINBAND-VORDERSEITE
UNTEN: *Louisa Jebbs Begleiterin X auf Reisen.*
Jebb 1908, 290

FRONTISPIZ: *Mme Josephine, 1840. Der Künstler David Wilkie war Gast in Mme Josephines beliebtem Hotel in Konstantinopel.*
Wilkie 1843, Bild 24

HAUPTTITEL: *Musikantin.*
Edward W. Lane 1883, Bd. 2, 69

SEITE VII: *»Touristen beim Besteigen der Großen Pyramide«, 1910–1920.* Abdruck mit frdl. Gen. der Library of Congress, LC-DIG-matpc-01498

Die Originalausgabe erschien 2005 unter dem Titel *Dreaming of East* bei Greystone Books, Vancouver/British Columbia, Kanada. Gestaltung: Barbara Hodgson/Byzantium Books
Copyright © 2005 Barbara Hodgson
Alle Rechte vorbehalten

3. Auflage 2014 (1. Auflage der Neuausgabe)

Deutsche Ausgabe Copyright © 2006 Gerstenberg Verlag, Hildesheim
Außenlektorat: Eva Dempewolf
Satz: Fotosatz Ressemann, Hochstadt
Printed and bound in China
Alle deutschen Rechte vorbehalten
ISBN 978-3-8369-2091-9

Abbildungen, bei denen kein Urheber genannt ist, stammen aus den Byzantium Archives. Fehlt die Angabe einer Quelle, ist diese oder der Urheber unbekannt. Trotz aller Bemühungen, die Rechteinhaber von Texten und Illustrationen ausfindig zu machen, war dies leider nicht in allen Fällen möglich. Alle Ansprüche bleiben gewahrt, und Irrtümer und Auslassungen werden in späteren Auflagen korrigiert.

Ebenfalls bei Gerstenberg erschienen:

Barbara Hodgson
Die Krinoline bleibt in Kairo
Reisende Frauen 1650 bis 1900
ISBN 978-3-8369-2790-1

Amanda Adams
Scherben bringen Glück
Pionierinnen der Archäologie
ISBN 978-3-8369-2674-4

Inhalt

Einführung: *Frauen träumen vom Orient* — 1

Vorhang auf: *Europäerinnen im Orient* — 7
   Das Osmanische Reich — 9
   Der Zauber des Morgenlands — 17
   Im Reich der arabischen Märchen — 18
   La Femme libre — 23
   Die Saint-Simonistinnen — 27
   Im Exil: Prinzessin Cristina di Belgiojoso — 30

»Kleine Dinge fühlen die Kälte«: *Reiselogistik* — 33
   Fortbewegung — 34
   Wo übernachten wir? — 39
   Unser täglich Brot — 45
   Wenn ich ein Mann wäre — 47
   Hinein in die Gefahr — 50
   Ohne männlichen Schutz: Ida Pfeiffer und Isabella Bird — 52
   Ganz gewöhnliche Frauen: Rosita Forbes und Freya Stark — 59

Frauen in Reithosen: *Gegen Sitte und Anstand* — 65
   Im Gewand der Orientalin — 67
   Wie ein Mann gekleidet — 73
   Eine Rebellin: Lady Hester Stanhope — 81

Die Vielbeschäftigten: *Reisen für die Wissenschaft*	87
Ihrer Zeit voraus	87
Gelehrte und Malerin	89
Autorin wider Willen	92
Jenseits der Gelehrsamkeit	94
»Blaustrümpfe«	100
Mitarbeitende Ehefrauen: Isabel Burton und Regula Engel	104
Verschleiert und befreit: *Die Frauen in den Harems*	109
Das Haremssystem	111
Die Mode im Harem	118
Die Emanzipation der Harems	123
Die Sicht der Haremsfrauen	125
Im 20. Jahrhundert	127
Eine Bewunderin des Harems: Lady Mary Wortley Montagu	130
Botschafterinnen der Mode: Lady Elizabeth Craven und Ida von Hahn-Hahn	132
West-östliche Begegnungen: *Liebe und Freundschaft*	137
Sexappeal	141
Ungewohnter Respekt	145
Dragomane	147
Die Sicht der Männer	151
Zusammenleben	156
Freistatt für Kokotten?	164
Eine teilnahmsvolle Beobachterin: Lucie Duff Gordon	167
Das Ende der Reise	171
Anmerkungen	174
Literaturhinweise	177
Danksagung, Bildnachweis, Zitatnachweis	181
Register	182

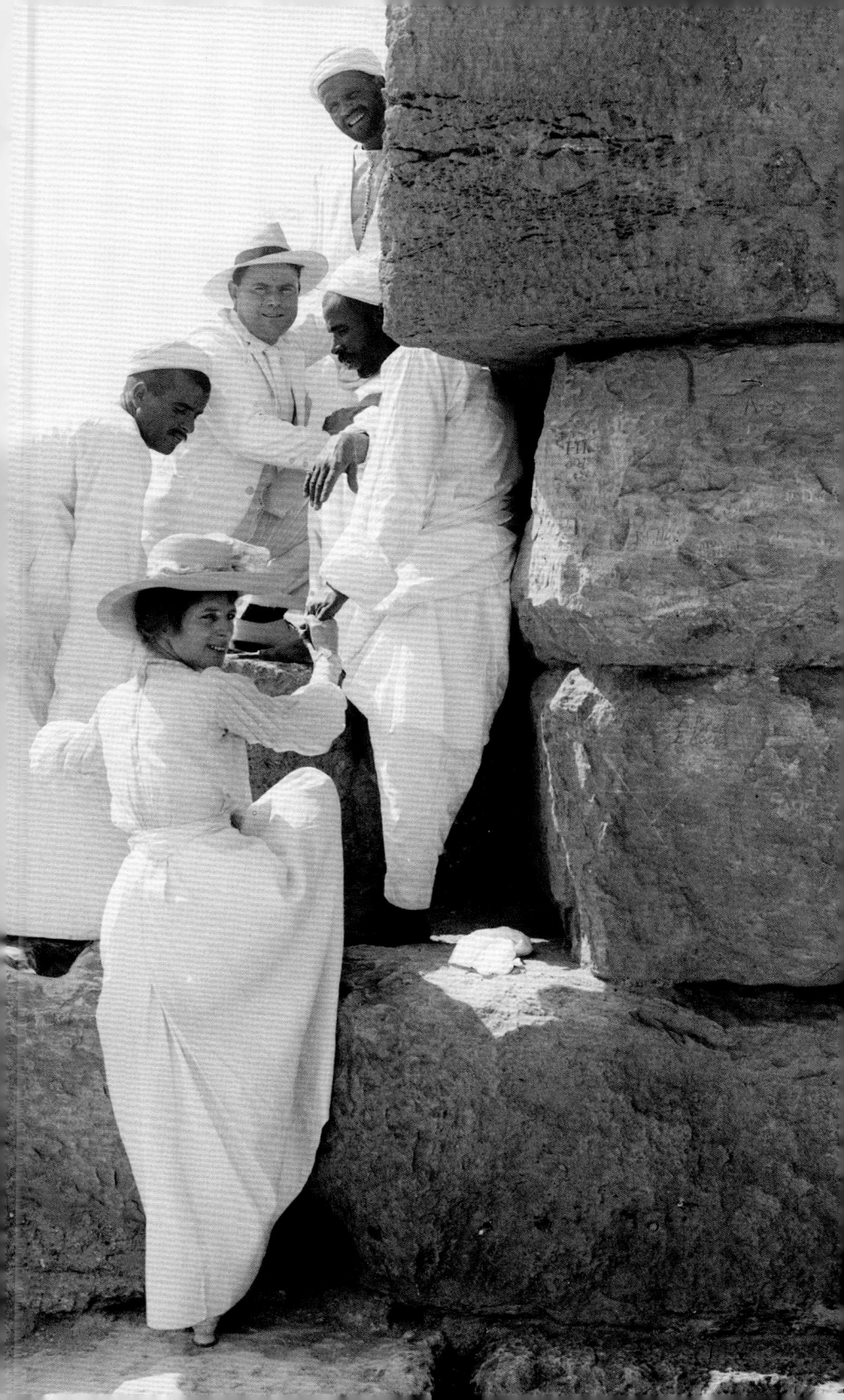

Die Wüste atmet Freiheit. Isabel Burton, 1893

Einführung
FRAUEN TRÄUMEN VOM ORIENT

ISABEL BURTON brauchte zu ihrem Glück dreierlei: ihren Ehegatten Richard Burton, den Orient und die Freiheit. In Damaskus erfreute sie sich an allen dreien, und so entsprach das Leben, das sie zwischen 1869 und 1871 dort führte, ihrer Idealvorstellung. Der Freude darüber verlieh sie in ihrem Buch *The Inner Life of Syria* Ausdruck, in dem sie freimütig bekennt, dass jede auch noch so kurze Erwähnung ihres geliebten Damaskus ihr Tränen in die Augen treibe und ihr Herz schneller schlagen lasse.[1]

Dass ihr Mann Richard, ein verwegener Abenteurer, sie glücklich machte, leuchtet unmittelbar ein. Was aber hatte es mit dem Orient und der Freiheit auf sich, zwei auf den ersten Blick einander widersprechenden Begriffen? Interessanterweise war Isabel Burton nicht die einzige Europäerin, die diese beiden Wörter in Zusammenhang brachte.

Die erste war vermutlich Lady Mary Wortley Montagu 1717. Sie schrieb von ihrer Türkeireise lange Briefe, in denen sie von der Stimmung wie in *Tausendundeiner Nacht* schwärmte. Ihre überschwänglichen Berichte ließen diese Märchen, die in Europa zuerst in französischer (und kurz darauf in englischer) Übersetzung herausgekommen und sofort populär geworden waren, noch zauberhafter erscheinen und stachelten die Orientbegeisterung weiter an. Im Bann ihrer Beschreibungen von »Türkenkostümen« und der Por-

Reisen der Reederei Cunard. Werbebroschüre, 1914

Lady Mary Wortley Montagu, 1720. Stich nach Sir Godfrey Kneller, in: Montagu: *The Works of the Right Honourable Lady Mary Wortley Montagu,* Bd. 1, 1803, Frontispiz

träts, die sie in solchen Gewändern zeigten, erweiterten ihre Leserinnen und Leser die eigene Garderobe eilig um Turbane, Pluderhosen und Kaftane. Der Briefschreiberin aber ging es auch um Freiheit: Sie pries das ungezwungene Leben, das die Orientalinnen in ihren Augen führten, und die Freiheiten, die sie selbst dort genoss. Generationen von Frauen suchten auf ihren Orientreisen diese von Lady Montagu beschworene Freiheit.

Die Frage, warum Frauen ausgerechnet im Nahen Osten Unabhängigkeit zu finden hofften, fasziniert mich seit langem. In einer Region, in der die Frauen abgeschottet und unter Einschränkungen lebten, sollte einer Fremden mehr erlaubt sein als in ihrem liberaleren Heimatland? Wie konnte das sein? Um dieser Frage auf den Grund zu gehen, beschäftige ich mich hier mit Frauen, die in den östlichen Teil des Osmanischen Reiches reisten, und zwar zwischen 1717 und 1930 (als dieses schon rund zehn Jahre nicht mehr bestand). Ich widme mich einzelnen Frauen – ihrer Art zu reisen, sich zu kleiden, ihren Motiven, Einstellungen und ihren Begegnungen mit anderen Menschen – und lasse die Reisenden selbst beispielhaft darlegen, wie sie zu ihrer Freiheit fanden und sich unter dem Einfluss ihrer herausfordernden, aufregenden und letztlich umwälzenden Erfahrungen veränderten.

Was man unter Freiheit versteht, variiert von Epoche zu Epoche und von Ort zu Ort. In dem Zeitraum, den dieses Buch abdeckt, erlebte der Begriff im Westen etliche radikale Bedeutungsveränderungen. Von der Toleranz der Aufklärung über die Zeiten der Revolution bis zu den Zwängen des Viktorianismus und den folgenschweren Veränderungen zu Beginn des 20. Jahrhunderts hatten Frauen in puncto Scheidung, Besitz, Kinder und

Löhne eine schwankende, aber stets beschränkte Rechtsstellung. Zudem wurden die meisten in ihrem Forscherdrang und der Entwicklung eigenständiger Gedanken behindert.

Eine Orientreise bot einer Frau die Möglichkeit, den Konventionen zu entfliehen und Bildungslücken zu schließen. Zugleich machte sie die Erfahrung, dass sie mit ihrem dürftigen Wissen gegenüber den Orientalinnen, die von allem Unterricht ferngehalten wurden, geradezu gelehrt wirkte, was ihr Selbstvertrauen stärkte und ihren Wissensdurst weiter beflügelte. Gleichzeitig stellte sie für die Menschen im Orient einen neuen Geschlechtertypus dar: ein Wesen mit der Bildung eines Mannes und dem Aussehen einer Frau, das es als praktisch gleichberechtigt zu behandeln galt. Für Frauen, die aus ihrer Heimat einen niedrigen Status nur allzu sehr gewohnt waren, stellte dieser Vorstoß in ein fast geschlechtsloses Reich eine aufregende neue Erfahrung dar. Isabel Burton meinte denn auch, eine Frau, die einmal dem Orient verfallen sei, könne sich nicht mehr in ihr früheres Leben fügen.[2]

Doch nicht alle Frauen verlangte es nach einem solchen ungezwungenen Leben. Was für die eine eine unzumutbare Unterdrückung war, erschien einer anderen angemessen. Sehnten sich einige danach, ihre Fesseln abzustreifen, verspürten andere kein Bedürfnis nach Veränderung. So gab es unter den Frauen, die ihren Vätern oder Ehemännern in den Orient folgten, auch solche, die in der neuen Umgebung nur den alten Trott beibehalten wollten.

Den hier vorgestellten Frauen indes – Isabel Burton und Lady Montagu, aber auch Cristina di Belgiojoso, Gertrude Bell und Ida Pfeiffer, um nur einige zu nennen – gelang es, durch den Ortswechsel, aus der Distanz heraus und im Vergleich mit anderen zu erkennen, wer sie sein sollten und könnten. Beschränkungen wussten sie erfindungsreich zu umgehen, oder sie ignorierten sie einfach und bewiesen so, dass sie ihr Leben selbst in die Hand nehmen konnten. Sie verglichen ihre relative Unabhängigkeit mit dem zurückgezogenen Leben ihrer orientalischen Schwestern, und einige machten beneidenswerte Elemente von Freiheit sogar in den Harems aus, die ihrer Einschätzung nach der Kontrolle der Männer entzogen waren.

Manche Bewertungen, über die wir heute den Kopf schütteln, erschienen zeitgenössischen Leserinnen einleuchtend. Wir müssen bei der Beurteilung früherer Zeiten Zugeständnisse machen: So stieß eine Frau, die durch ihr Aussehen und Auftreten Aufmerksamkeit erregte, damals unweigerlich auf Missbilligung. Den wenigsten aber war gesellschaftliche Anerkennung gleichgültig, und wenn sie nicht sehr reich oder sehr arm waren, erweiterten sie ihren Spielraum daher stets mit Bedacht. Zudem galt Ängstlichkeit bei Frauen damals als Tugend, und viele, die zu unerschrockenem Reisen durchaus in der Lage gewesen wären, stellten auf absurde Weise weibliche Schwächen zur Schau oder präsentierten sich als kapriziöse Geschöpfe.

In Europa ließ sich der Wunsch von Frauen nach Unabhängigkeit nur schwer mit ihrer Erwartung männlicher Ehrerbietung vereinbaren. Im Orient aber kam ihnen zugute, dass man sie vor allem hinsichtlich Bewegungsfreiheit und Anerkennung fast wie Männer behandelte, während ihnen zugleich der für ihr Geschlecht übliche Schutz gewährt wurde.

Getrieben von Neugier, Reiselust oder einem Fluchtimpuls, bereisten Frauen aus allen Schichten den heutigen Nahen Osten. Allgemeine Aussagen über ihre Haltung zu den besuchten Ländern und deren Bewohnern verbieten sich jedoch. Französische Aristokratinnen gaben sich anders als deutsche, italienische oder englische, und auch innerhalb dieser Gruppen waren die Unterschiede groß. Sie alle traten zudem anders auf als die wiederum sehr unterschiedlichen Frauen aus dem Bürgertum, und Frauen aus der Arbeiterschaft hatten mit ihren Geschlechtsgenossinnen aus höheren Schichten erst recht wenig gemein.

Bei den Recherchen für mein Buch *Die Krinoline bleibt in Kairo* zeigte es sich, dass die meisten heute zugänglichen Reiseberichte von Britinnen stammen. Auf den Britischen Inseln setzte sich die Kultur des Reisens früher durch als auf dem Kontinent, und die Verlage wussten das Interesse an diesem Thema rasch in klingende Münze umzusetzen. Bücher von Frauen waren beliebt, denn deren Blick unterschied sich von dem reisender Männer, und das Lesepublikum ergötzte sich – damals wie heute – daran, wenn eine Frau über das Wagnis einer Reise ins Ungewisse berichtete. Doch neben den vielen, die Bücher schrieben bzw. deren Briefe und Tagebücher erhalten blieben, gab es eine weit größere Zahl reisender Frauen, die nur kryptische Spuren hinterließen. So kam beispielsweise Captain Hanson 1819 in Alexandria das Gerücht zu Ohren, Gräfin Talbot habe die Pompeji-Säule bestiegen.[3] Bei meinen Recherchen fand ich Belege für etwa 240 Britinnen, die zwischen 1717 und 1930 den Orient bereisten, für 58 Französinnen, 28 Frauen aus deutschsprachigen und 23 aus anderen europäischen Ländern sowie fast hundert Amerikanerinnen. Rund ein Drittel von ihnen hat Reiseberichte verfasst.

Weil Darstellungen aus Kriegs- und Konfliktzeiten kaum Rückschlüsse auf den Normalzustand eines Landes erlauben, habe ich solche Berichte nicht berücksichtigt. Frauen wie Zetton Buchanan, die 1920 bei einer Revolte in Mesopotamien in Gefangenschaft geriet, oder Alice Poulleau, die 1925 den Bomben in Damaskus entging, könnten Gegenstand einer eigenen Untersuchung sein.

Auf den folgenden Seiten werden Frauen porträtiert, die zu allem anderen als zum Reisen in ferne Länder erzogen worden waren. Sie sollten Gattinnen von Männern des Hochadels werden, empfindsame Romane schreiben, Blumenbilder malen und eine Schar glücklicher Nachkommen gebären. Stattdessen schifften sie sich nach Alexandria, Beirut oder Konstantinopel ein, heuerten Führer und Pferde an, schliefen in Zelten oder einfachen Gasthäusern und bemühten sich, fremde Gebräuche zu verstehen. Vor allem aber lebten sie ihre Reiseträume aus.

Anmerkung: Von nahezu jedem arabischen oder älteren türkischen Wort gibt es eine Vielzahl von Schreibweisen. Der *takhtarawan* z. B., ein Tragsessel, wird von Reisenden als *takhtrouan, takkirawan* oder *tarta-a-van* bezeichnet. Außer in Zitaten, in denen die Originalschreibweise beibehalten wurde, folgen wir der Umschrift des *Arabischen Wörterbuchs für die Schriftsprache der Gegenwart* von Hans Wehr. Bei Orten wurden die alten Namen beibehalten, also etwa »Konstantinopel« statt »Istanbul«. Im Übrigen orientiert sich die Schreibweise geografischer Begriffe an einschlägigen Atlanten.

Dem Angehörigen höherer Stände bieten sich selten Momente freudigerer Erwartung, als wenn er an der Schwelle einer Reise in ferne Länder steht. Die Pforten der Enge öffnen sich ihm; ... mit unsicherem Blick nach rechts und links schreitet er vorwärts und blickt – ins Unermessliche.
Gertrude Bell 1910/1907

Vorhang auf
EUROPÄERINNEN IM ORIENT

GERTRUDE BELL war, als sie 1905 von Jerusalem aus durch den wilden Hauran nach Damaskus zog, von einer Begeisterung erfüllt, die noch ihren neunjährigen Aufenthalt in Bagdad überdauern sollte.

Bell und andere Frauen erkundeten den östlichen Teil des Osmanischen Reichs, das sich über die Türkei, Syrien, Palästina, Mesopotamien und Ägypten sowie zeitweise Persien und Nordafrika erstreckte. Da das vorliegende Buch vorwiegend das 18. und 19. Jahrhundert abdeckt, verwende ich meist die älteren Bezeichnungen »Orient« und »Vorderer Orient« und nicht den erst im 20. Jahrhundert aufgekommenen Oberbegriff »Naher Osten«.

Besagte Region war von jeher eine Heimstatt vieler ethnischer und religiöser Gruppen. Auf dem Gebiet der heutigen Türkei lebten bis ins 19. Jahrhundert hinein neben Türken auch Europäer (vorwiegend Griechen), Armenier, Kurden, Araber und Juden, die verschiedene Richtungen des Islam, des Christentums und der jüdischen Religion praktizierten. Syrien wurde von Arabern, Kurden, Armeniern, Türken, Juden und Drusen bewohnt. Und Ägypten war die Heimat von Kopten, Arabern, Nubiern (Oberägypten), Türken, Armeniern, Juden, Levantinern und Europäern. Und in all diesen Bevölkerungsgruppen gab es wiederum

Café in Damaskus.
Stich von C. Bertrand nach C. Werner, in:
Wilson 1881, Bd. 1, 409

Die asiatische Türkei.
Philips Comprehensive Atlas, 1871

Großstadtbewohner ebenso wie Fellachen (Bauern) und Beduinen oder Bedu (Nomaden).

Ein derart heterogenes Völkergemisch mit einem Wort zu benennen ist nicht einfach. »Die Türken« waren die Bewohner der Türkei, als »Araber« galten die Einwohner Syriens und Palästinas, des Irak, Arabiens und Ägyptens. Da das Wort »Araber« ohne Angabe der Volkszugehörigkeit wenig Aussagekraft hat, verwende ich i. A. »Orientale« als Oberbegriff und ergänze da, wo es wesentlich scheint, die Nationalität oder Volksgruppe.

Die Völker Europas und Nordamerikas bezeichne ich zusammenfassend als »Okzident« und füge, wenn nötig, Angaben wie »europäisch«, »britisch« oder »französisch« hinzu. Frauen, die

nicht aus dem Osmanischen Reich, aus Griechenland oder der »europäischen Türkei« stammen, werden der Einfachheit halber als »Europäerin« oder »Ausländerin« bezeichnet.

Zunächst aber scheint mir ein kleiner geschichtlicher Exkurs angebracht.

DAS OSMANISCHE REICH

In seiner Blütezeit erstreckte sich das Osmanische Reich von Ägypten bis Marokko, von Griechenland bis Ungarn und von Syrien bis Mesopotamien (heute Irak). Ab 1453 war es dem Machtbereich der Hohen Pforte von Konstantinopel unterstellt. Türkisch war die Amtssprache, Arabisch die Verkehrssprache (außer in der Türkei). Es gab wohl keinen Fremden, der nicht irgendwann mit dem Allmachtsanspruch konfrontiert wurde, der die Bürokratie, das Polizei- und Justizwesen bis hin zu den Kleidungsgewohnheiten der Region durchdrang.

Die europäisch-osmanischen Beziehungen beruhten vorwiegend auf dem Handel mit Seide, Baumwolle, Gewürzen und Rauschmitteln. So entstammte etwa der Engländer John Barker, 1799 bis 1825 Konsul in Aleppo, einer alteingesessenen Kaufmannsfamilie der Region.

Im 19. Jahrhundert dehnte Europa seinen Einfluss nach Osten aus, während das Osmanische Reich buchstäblich an Boden verlor: 1830 wurde Griechenland unabhängig, ab 1840 hatte Ägypten eine eigene Vizekönigsdynastie, und 1881 wurde Tunesien den Franzosen unterstellt. Zwischen 1918 und 1920 fielen Syrien, Palästina und der Irak an Frankreich bzw. Großbritannien. Kurz darauf wurde die Sultansherrschaft abgeschafft, und 1924 wurde die Türkei zur Republik ausgerufen.

VORHERGEHENDE DOPPELSEITE: »*Moschee der Sultanin Walide*« in Konstantinopel. W.H. Bartlett, in: Pardoe: *Beauties*

OBEN: *Panorama von Palmyra*. Farbdruck nach einer Zeichnung von Emily Beaufort. Beaufort 1861, Frontispiz

Türkei

Wenn Fremde sich mit dem Schiff der Hauptstadt näherten, erblickten sie als Erstes die im Dunst verschwimmenden Kuppeln und Minarette von Stambul – ein Bild wie aus *Tausendundeiner Nacht*. Stambul im heutigen Zentrum von Istanbul war eines der drei großen Stadtviertel. In Pera (heute Beyoğlu) nahmen die meisten der im Goldenen Horn, dem Hafen der Stadt, eintreffenden Ausländer Quartier. Auf der asiatischen Seite, durch den Bosporus getrennt, lag Scutari (heute Üsküdar), wo von 1853 bis 1856 Truppen stationiert waren. In den am Bosporus bzw. im Goldenen Horn gelegenen Dörfern Ortaköy, Tarabya und Belgrad (Beil-Gorod, Wohnsitz von Lady Montagu) befanden sich die Sommerpaläste der Botschafter.

Konstantinopel mutete von allen osmanischen Städten am europäischsten an. Europäerinnen verkehrten dort seit 1717, als die englischen Ladys Montagu, Paget und Winchelsea ihre Ehegatten zu den Friedensverhandlungen mit der Hohen Pforte begleiteten. Von da an hielten sich Ausländerinnen als Touristinnen, Künstlerinnen, Gastwirtinnen, Gouvernanten, Anstandsdamen und Gesellschafterinnen, Krankenschwestern, Kaufmanns- oder Diplomatengattinnen für kürzere oder längere Zeit in der Stadt auf.

Als Sommerfrische lockte Bursa, südlich von Konstantinopel, während die Küstenstadt Smyrna allenfalls als Durchgangsstation diente. Unter den wenigen Frauen, die sich von diesen Zentren weg ins Landesinnere wagten, waren Cristina di Belgiojoso, Isabella Bird★, Louisa Jebb und Gertrude Bell.

Syrien oder die Levante
Syrien einschließlich Palästina gehörte von 1516 bis 1918 zum Osmanischen Reich, während der gebirgige Libanon weitgehend autonom blieb. 1920 kamen Syrien und Libanon unter französisches Mandat, während Palästina und Transjordanien 1923 britisches Protektorat wurden.

In Palästina war man schon lange die Anwesenheit ausländischer Pilger gewohnt, die von Jerusalem aus die heiligen Stätten bis hin zu den entlegensten Klöstern erforschten. Syriens Hauptstadt Damaskus hingegen duldete in ihrer legendären Abschottung bis 1832 keine Konsulatsvertretungen. Die wenigen Ausländer, die dort vorwiegend geschäftlich verkehrten, traten nicht öffentlich in Erscheinung. Nur sehr vereinzelt tauchten Reisende wie Hester Stanhope auf, die 1812 alle Warnungen in den

---

★ Bird reiste unter ihrem Ehenamen Bishop durch den Orient, taucht hier jedoch der Eindeutigkeit halber nur unter ihrem Mädchennamen auf.

EUROPÄERINNEN IM ORIENT

Touristen in Baalbek.
Lichtbild, um 1920

Wind schlug. Die Küstenorte Beirut und Tripolis im Libanon wiederum wurden von Pilgern und Kaufleuten für ihre Gastfreundschaft gerühmt.

Noch in den 1860er Jahren galt eine Reise zu den Ruinen von Petra (im heutigen Jordanien) oder nach Baalbek (Libanon) als abenteuerliches Unterfangen. Stanhope drang allerdings bereits 1813 als erste Europäerin durch die Syrische Wüste nach Palmyra vor. Vierzig Jahre später folgte ihr Jane Digby.

Ägypten

Ägypten und das Niltal gehörten im 19. Jahrhundert zum Pflichtprogramm jeder Orientreise. Genährt wurde das europäische Interesse durch die frühen Reiseberichte von James Bruce und dem Grafen de Volney ebenso wie durch den Ägyptenfeldzug Napoleons von 1798 und die ägyptischen Altertümer, die auf Veranlassung von Giovanni Belzoni, dem Baron von Minutoli* sowie dem englischen Konsul Henry Salt und dem französischen Konsul Bernardino Drovetti bis in die 1820er Jahre hinein nach Europa ausgeführt wurden.

Ab 1798 lockerte sich Ägyptens ohnehin brüchige Verbindung mit dem Osmanischen Reich weiter. Nach Napoleons Vertreibung durch britisch-osmanische Truppen sicherte der neue Statthalter Mehmed Ali Pascha seine Vormacht in Ägypten. Mit seiner Herrschaft ist die Aufnahme engerer Beziehungen zu Europa verknüpft. 1882 wurde Ägypten von den Engländern besetzt, 1914 britisches Protektorat, und 1922 erhielt es die formelle Unabhängigkeit.

Vor dem 19. Jahrhundert hielten sich Europäerinnen in Ägypten auf, weil sie z.B. einen Zwischenstopp auf der Reise nach

---

* Belzoni und Minutoli wurden von ihren Ehefrauen Sarah bzw. Wolfardine begleitet. Beide Frauen ergänzten die Publikationen ihrer Ehemänner um eigene Berichte.

Das Osmanische Reich

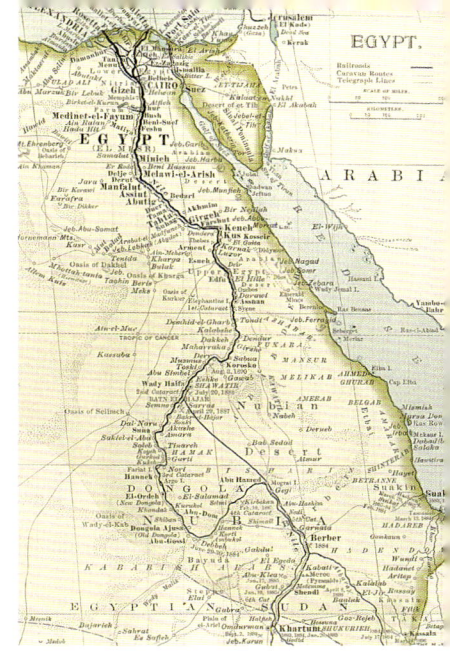

Indien einlegten. Andere lebten dort als Ehefrauen oder Töchter ansässiger Kaufleute und britischer Verwaltungsbeamte, die ab 1798 ins Land kamen. In der zweiten Hälfte des 19. Jahrhunderts brachen Europäerinnen nach Ägypten auf, um das Land zu erkunden. Um 1830 konzentrierten sie sich auf Alexandria und Kairo – wenn sie nicht gerade nilaufwärts schipperten. Lucie Duff Gordon ließ sich 1862 in Luxor nieder, und andere Europäerinnen folgten ihrem Beispiel und siedelten sich südlich von Kairo an.

Ägypten, um 1899. The M.-N. Co.

Mesopotamien

Mesopotamien (heute Irak) gehörte von 1530 bis 1920 zum Osmanischen Reich. Die großen Städte und Ruinenstätten – Bagdad, Babylon, Ninive, An Najaf und Mosul – waren zwar sehenswert, lagen aber abseits der Routen. 1783 gründete die Ostindische Kompanie eine Zweigstelle in Bagdad. Ein Abgesandter dieser Gesellschaft war der Babylonforscher Claudius James Rich, der von 1808 bis zu seinem Tod 1821 mit seiner Frau Mary das Land erkundete.[1]

Als eine der ersten Europäerinnen reiste Ida Pfeiffer 1848 allein durch Mesopotamien, gefolgt von Jane Digby (1854) und Anne Blunt (1878 und 1879). Um 1900 gehörten Ausländerinnen, die auf der Durchreise waren oder wie Gertrude Bell dort lebten, zum mesopotamischen Alltag.

Trotz aller Vielgestaltigkeit waren zumindest die Reisebedingungen im Osten des Osmanischen Reichs vor allem hinsichtlich der Verkehrsmittel und Unterkünfte relativ einheitlich. Die Neuankömmlinge, die zumeist fantastische Luftschlösser gebaut hatten, zeigten aber wenig Sinn für derlei Profanitäten. Sie kamen mit sehr genauen Vorstellungen.

DER ZAUBER DES MORGENLANDS

Jede neue Erfahrung verbindet sich mit dem köstlichen Gefühl, frei zu sein. Die Reisende entdeckt die Lebensfreude, eine Freude, die im Fortschrittseifer unserer Zivilisation auf der Strecke geblieben ist. Ella Sykes, 1901[2]

Reisen in den Orient wurden oft als Zuflucht vor den Unbilden des Fortschritts interpretiert. Eine Frau, die im nüchternen Zeitalter der industriellen Revolution in Europa lebte, hatte allemal Gründe zu fliehen. Konnte sie die Tristesse des nordischen Himmels nicht real hinter sich lassen, spendeten ihr die Reiseberichte anderer Trost. Auf den Spuren von James Bruce, Jean-Louis Burckhardt oder Carsten Niebuhr tauchte sie ein in die sonnendurchglühten Weiten der Fremde und erlebte so das Abenteuer zumindest aus zweiter Hand.

Noch konnten die meisten Frauen nur davon träumen, selbst einmal so zu reisen. Es dennoch zu tun galt als unweiblich und ungehörig. Dazu kam das Vorurteil, dass sie solchen Höchstleistungen weder physisch noch psychisch gewachsen seien. Dennoch hatten schon viele reisende Frauen innerhalb von Europa ihre Ausdauer unter Beweis gestellt. Und als sie hörten, dass andere Frauen weiter kamen als sie selbst, da waren sie nicht mehr zu halten.

Eine Frau brauchte allerdings einen akzeptablen Grund, um auf Reisen zu gehen. Die eine benötigte also einen Klimawechsel aus gesundheitlichen Gründen, die andere begleitete ihren Ehemann oder eine jüngere Freundin. Manch eine schob die längst überfällige Pilgerreise ins Heilige Land oder ihre hilfsbedürftigen Schwestern im Orient vor oder äußerte den Wunsch, ihre Bildung zu mehren.

Der aufkommende Orientalismus beeinflusste europäische Wissenschaftler, Künstler und Schriftsteller. Die fremdartigen Wüsten und Stadtansichten auf den Gemälden von Jean-Léon Gérôme, Leopold Carl Müller oder John Frederick Lewis

Dieser Reiseprospekt wirbt mit Exotismus: "The White Star Lines Cruise of the Arabic", 1910

»Eine Almah vollführt einen Schwerttanz«, um 1870. Jean-Léon Gérôme, in: Montesquieu 1901, 144

sowie die arabischen Geschichten aus *Tausendundeiner Nacht* weckten bei Frauen Fernweh.

Berichte von Reiseschriftstellerinnen und -schriftstellern stärkten das weibliche Selbstvertrauen, und einschlägige Handbücher wappneten gegen allerlei Hindernisse unterwegs. Am wichtigsten aber waren die Kunstwerke und Geschichten aus dem Morgenland, denn sie beflügelten die Fantasie.

Im Reich der arabischen Märchen

Von dem Weltteil, der ist, will ich zu dem hin, der *war, aus der europäischen Gegenwart in die orientalische Vergangenheit.*
Gräfin Ida von Hahn-Hahn, 1844[3]

Für die westliche Welt war der Orient eine einzige Schatztruhe, angefüllt mit Menschen, Gegenständen und Traditionen aus einer heroischen, idealisierten Zeit. In Europa hingegen versanken die Überreste alter Noblesse im endlosen Strom der Touristen. Griechenland besaß noch ein paar Spuren der klassischen Patina, und Spanien galt bis in die 1830er Jahre hinein als Gegenstück zu Nordafrika. Der geografisch so nahe Orient indes erschien wie das Feenreich aus einer fernen Zeit.

Die abendländische Metaphorik für den Orient als Tor zur Vergangenheit wurde durch die Märchen aus *Tausendundeiner Nacht* genährt. Lady Mary Wortley Montagu erklärte sie sogar für wahr: »Das alles gleicht nur gar zu sehr den arabischen Märchen, werden Sie sagen«, notierte sie 1717 in Erinnerung an ein üppiges Bankett. »Sie vergessen, liebe Schwester«, fuhr sie fort, »dass eben diese Märchen von einem Schriftsteller dieses Landes geschrieben sind und (die Verzauberungen ausgenommen) eine wirkliche Darstellung der hiesigen Sitten sind.«⁴

Lalla Rookh aus Thomas Moores gleichnamigem »orientalischem« Versepos.
Moore 1880 [1817], 2

Über ein Jahrhundert später schrieb Julia Pardoe vor ihrem Aufbruch nach Konstantinopel in *Ansichten des Bosporus*: »… und ich sah einer Reihe romantischer Abenteuer entgegen, nicht geringer als die der *Tausendundeinen Nacht*.«⁵

Lucie Duff Gordon konnte sich in den rund sechs Jahren, die sie in Ägypten lebte, nie ganz dem Zauber des Harun ar-Raschid entziehen. Als sie auf ihrer Dahabije den Nil aufwärts fuhr, notierte sie: »Du ahnst ja nicht, wie mir zumute ist, wenn ich ein englisches Buch aufschlage, mich in die Lektüre versenke und plötzlich einen der Männer aus nächster Nähe ›Yah Mohammed‹ rufen höre. … Es ist alles ganz anders als in England, wo ich den Orient nur aus Büchern kannte, … und ich frage mich, ob ich es wirklich bin oder das alles nur ein Traum ist.«⁶

Amelia Edwards erblickte in Kairo eine verschleierte Frau »auf einem flachen Dach, von Tauben umschwärmt. Es gibt nichts Gewöhnlicheres als dieses Bild, ... das für mich der Inbegriff des Morgenlands, des Fremden und Feenhaften ist.« Ella Sykes, die mit ihrem Bruder, Hauptmann Percy Sykes, von 1895 bis 1896 durch Persien (heute Iran) reiste, berichtete, sie sei, »als sie an dieser verwunschenen Küste landete, sogleich von der Pracht des Orients erfüllt gewesen«. Auch Olympe Audouard, die von der Kairoer Zitadelle auf die mondbeschienene Stadt hinuntersah, stand im Bann von *Tausendundeiner Nacht*. Die Zahl der Orientreisenden, die in ihren Fantasien schwelgten, war Legion.[7]

Isabel Burton besaß ebenfalls eine ausgeprägte romantische Ader. In ihrer Jugend hatte sie Benjamin Disraelis Roman *Tancred*, der »meiner Fantasie und meinem Drang nach dem ungebundenen Leben im Orient Nahrung gab«, regelrecht verschlungen. Nach Richards Ernennung zum Konsul von Damaskus schrieb sie erfreut: »[Damaskus ist] der Traum meiner Kindheit und Jugend. Ich werde im Kreis arabischer Beduinenführer leben; ich werde die Wüstenluft riechen; ich werde Zelte, Pferde, Waffen besitzen und frei sein wie Lady Hester Stanhope.«[8]

Burton war der Ansicht, die Engländerin Jane Digby reise, wie Stanhope, »orientalischer als die Orientalen« durch den Orient. In Turban, Weste und weiten Pluderhosen wurde die unkonventionelle Stanhope neben den Geschichten aus *Tausendundeiner Nacht* zu einem Sinnbild des Exotischen.[9]

Autoren männlichen Geschlechts bemühten für ihre Vergleiche in aller Regel das klassische Altertum, die Pharaonen und das Mittelalter, während es die Autorinnen eher mit der Bibel hielten. Lucie Duff Gordon etwa schrieb, sie habe sich im Haus eines Kopten am Nil in eine Szene des Alten Testaments versetzt gefühlt.[10]

Wenn der Orient sich dann doch nicht wie erwartet als die Schatzkammer der hehren Ideale, der Träume und lebendigen Geschichte erwies, kam die Ernüchterung. Julia Pardoe be-

Im Reich der arabischen Märchen

kannte nach einem sechsmonatigen Aufenthalt in Konstantinopel, dass »der Nebel der Romantik verschwand«. Aber sie wusste, was sie ihrem Publikum schuldete, und pries im selben Atemzug die Wunder der Stadt.[11]

Amelia Edwards kam ihrerseits nicht umhin, ein paar Dinge richtig zu stellen:

Julia Pardoe. Stich von Thomson nach H. Room, in: Pardoe: *Beauties*, Bd. 4, 1839, Frontispiz

> An all diesen Orten, die so malerisch, biblisch und poetisch anmuten, könnte man fast vergessen, dass sie nicht nur dekorative Zwecke erfüllen und dass die Menschen nicht nur Figuren sind, die dort zur Erbauung unserer Maler hingestellt wurden, sondern genau wie wir aus Fleisch und Blut und von Hoffnungen, Ängsten und Trauer bewegt sind.[12]

Die Enttäuschung war groß, doch die weibliche Fantasie meist noch größer. Ella Sykes bestätigte, dass sie »oftmals mit so harten Fakten konfrontiert wurde, dass sie wohl den meisten anderen ihre romantischen Illusionen zerstört hätten. Die meinen konnten sie mir nicht nehmen.«[13]

Seit Montagu äußerten Frauen ihre Erwartung, das Reich von *Tausendundeiner Nacht* in der Wirklichkeit zu finden. Montagu, Duff Gordon und Sykes glaubten, ihr Ziel erreicht zu haben, während Pardoe sich keinen Illusionen hingab. Für die meisten machten die märchenhaften Bilder jedoch nur einen Teil der Anziehungskraft des Orients aus. Und ganz gleich, ob ihr Traum platzte oder nicht: Das Wichtigste war die Hoffnung, im Morgenland Abwechslung und Freiheit zu finden.

La Femme libre

Wir schreiben das Jahr 1927, und immer noch bringt eine Frau die Männerwelt gegen sich auf, wenn sie ungeachtet der Warnung: »Privateigentum. Betreten für Frauen verboten« in Reviere eindringt, die ihr jahrhundertelang verschlossen waren. Rosita Forbes, 1928[14]

Rosita Forbes, Verfasserin des Werks The Secret of the Sahara (1921), verletzte mit ihrer Expedition in die libysche Wüstenoase Al-Kufra ein männliches Privileg. »Revierkämpfe« unter Reisenden beiderlei Geschlechts haben eine lange Tradition. 1862 wetterte der Engländer Samuel Baker gegen die Holländerinnen Alexine und Henriette Tinne, weil sie den Touristenstrom zu den entlegensten Gebieten im Niltal gelenkt hätten. Zwei Jahre später sprach Richard Burton dem Afrikaforscher John Hanning Speke die Entdeckerschaft für die Nilquelle ab. Gertrude Bell brachte Mark Sykes in Rage, als sie 1905 auf seinen Spuren durch Syrien zog. Wilfred Thesiger bemerkte geringschätzig, Bertram Thomas habe sich von den Beduinen durch das »Leere Viertel« der Arabischen Wüste »verfrachten« lassen. Und für Freya Stark war der Deutsche Hans Helfritz nur noch Luft, nachdem er ihr in Arabien den Rang abgelaufen hatte.[15]

Die reiselustigen Frauen setzten sich derselben Kritik aus wie die Männer: Sie galten als inkompetent, vergeudeten angeblich ihr Talent und benahmen sich ungehörig. Aber während ein Mann seine Inkompetenz erst unter Beweis stellen musste, wurde sie jeder Frau von vornherein unterstellt. Allein die Tatsache, dass Lord Belmore in Theben auch Frauen mit an Bord nahm, soll Graf Forbin seine geplante Niltour vergällt haben. Er suchte das Weite, weil er die Vorstellung, eine englische Zofe im rosenroten Kamisol könne ihm die Ansicht der noblen Altertümer verschandeln, absolut unmöglich fand. Diese Tatsache konnte ihn allerdings nicht davon abhalten, mit ebendiesen Frauenzimmern noch einen Tag auf Belmores Luxusjacht zu verbringen. Seine Auffassung, eine

»La Femme libre«, um 1840. Hier tritt eine Frau das Gesetz, nach dem die Frau zu ehelichem Gehorsam verpflichtet ist, mit Füßen. Allemagne 1930, 213

»Emanzipation der Frauen: Fußsoldatinnen«, um 1840. Teil einer vierteiligen satirischen Bilderfolge. Der Mann im Kleid wird zum Demonstrationsobjekt. Allemagne 1935, Bild 3

Frau gehöre ins Haus, war weit verbreitet.[16]

Die türkischen und ägyptischen Würdenträger hingegen erwiesen der Engländerin Sophia Poole großen Respekt: »In vornehmen Kreisen werde ich nicht wie eine Person gleichen Ranges, sondern wie eine Höhergestellte behandelt.« Poole lebte Anfang der 1840er Jahre in Kairo bei ihrem Bruder, dem Orientalisten Edward W. Lane. Ihr Beispiel wirft die Frage auf, inwiefern die Freizügigkeit und die Reisebedingungen der Frau im 19. Jahrhundert von ihrem sozialen Status abhingen.[17] Gesetze, die auf eine Einschränkung weiblicher Reiselust abzielten, gab es offenbar nicht, weder in puncto Verkehrsmittel noch in Bezug auf die Grenzformalitäten. In männlicher Begleitung, war eine Frau im Reisepass des Mannes mit eingetragen. Reiste sie allein, erhielt sie ihre eigenen Papiere.

In der westlichen Welt waren vor allem bürgerliche Frauen im Ehe- und Scheidungsrecht sowie bei der Regelung ihrer Vermögens- und Besitzverhältnisse benachteiligt. Nach britischem Recht z.B. mussten Frauen vor 1882 ihr Vermögen mit der Heirat an den Ehemann abtreten. In Frankreich durften sie seit 1881 ihr Geld zwar selbst zur Bank tragen, aber noch lange nicht eigenständig darüber verfügen. Britische Männer, die ihren Frauen Ehebruch nachwiesen, konnten sich scheiden lassen und wieder heiraten, Frauen stand im umgekehrten Fall nicht dasselbe Recht zu. In Frankreich wurde das seit 1803 gültige Scheidungsrecht 1816 abgeschafft und erst 1884 wieder eingeführt. Die fortschrittlichsten Eigentums- und Scheidungsgesetze der westlichen Welt herrschten in den Vereinigten Staaten von Amerika. Im europäischen Vergleich schnitt Großbritannien am besten ab und lag noch vor Australien und Kanada.[18]

Die französische Frauenbewegung zeichnete sich zunächst durch ihre besondere Vitalität aus, bis Mitte des 19. Jahrhunderts frauenfeindliche Autoren ihr Gift gegen die z.T. unter Pseudonym veröffentlichenden »Blaustrümpfe« verspritzten. Dank der feinen britischen Art, die Kritik eher in kunstvollen Satiren und mit vornehmer Herablassung äußerte, erging es den englischen Schriftstellerinnen etwas besser. Aber auch von ihnen wählten einige ein Pseudonym oder gar die anonyme Veröffentlichung, um für eine sachliche Auseinandersetzung mit ihrem Werk zu sorgen.

Da der weibliche Intelligenzgrad nach der vorherrschenden Meinung von Natur aus niedriger ist als der des Mannes, wurde Frauen die politische, berufliche oder akademische Laufbahn verwehrt. Was viele Frauen allerdings nicht weiter störte, waren doch weibliche Brotberufe ohnehin verpönt und bemaß sich der Wohlstand einer Familie u.a. nach der Menge der Freizeit, die den weiblichen Familienmitgliedern zur Verfügung stand. Um 1880 hatten die Britinnen das Recht, an einer Universität zu studieren, konnten jedoch keine akademischen Grade erwerben. Hatten sie Medizin studiert, konnten sie als Krankenschwester arbeiten, nicht aber als Ärztin. Florence Nightingale, die im Krimkrieg den Pflegedienst für die britischen Verwundeten organisierte, verhalf dem Schwesternberuf zu Ansehen – aber nur, soweit er nicht zum Broterwerb diente. Lehr- und Missionstätigkeiten, die im Übrigen auch nicht höher geachtet waren, stellten für eine Frau im Ausland die einzigen Beschäftigungsmöglichkeiten dar, sofern sie nicht als Unternehmerin, Hausangestellte oder Prostituierte tätig war. So gesehen war es nur natürlich, dass immer mehr Frauen Reiseberichte verfassten, um ihr Einkommen aufzubessern und ihre häufigen Abwesenheiten begründen zu können.

Ein Geldberuf war insbesondere für die Frauen der Mittelschicht erstrebenswert. Wollten sie die Verfügungsgewalt über ihr

Erbe behalten, mussten sie ledig bleiben und sich mit der bedauernswerten Rolle der »alten Jungfer« abfinden. Sowohl die ledige Schriftstellerin Harriet Martineau als auch die in Trennung lebende Hebamme Suzanne Voilquin verdienten ihren Lebensunterhalt selbst.

Da Bildung zunehmend zum guten Ton gehörte, waren im 19. Jahrhundert viele Frauen in Nordeuropa einer oder mehrerer Fremdsprachen mächtig. Je nach individuellen Voraussetzungen und Umständen konnten sie sich im Selbstunterricht ein beachtliches geistes- und naturwissenschaftliches Wissen aneignen. Dennoch waren nicht all diese aufgeklärten Frauen dazu bereit, für ihr Wahlrecht zu kämpfen, ja einige lehnten es sogar ab. Der freimütige, unerschrockene Frauentypus brachte das Paradoxon einer emanzipierten Antifeministin hervor, die den Status quo verteidigte. Da diese Frauen ihre Erfolge auf die eigene Willensstärke zurückführten, lehnten sie es ab, für die Rechte der Frauen im Allgemeinen zu kämpfen. Lady Annie Brassey etwa war der Ansicht, das Frauenwahlrecht könne sich negativ auswirken. Und als 1908 die Anti-Suffrage League ins Leben gerufen wurde, war Gertrude Bell unter den Mitbegründerinnen. 1918 wäre sie dann aber doch gern in England gewesen, um mitzuwählen, und 1921 unterstützte sie den Befreiungskampf der Frauen im Orient.[19]

Im 19. Jahrhundert war die Frauenbewegung gespalten. Viele Frauen befürchteten, als Wählerinnen würde man sie stärker in die Pflicht nehmen als bisher. Die Frauen, die in diesem Buch zu Wort kommen, vertraten die unterschiedlichsten Meinungen zu diesem Thema. Von einigen Ausnahmen abgesehen, waren die meisten von ihnen keine leidenschaftlichen Verfechterinnen der Frauenrechte. Im Folgenden wenden wir uns einer Gruppe von Frauen zu, die konsequent für die Umsetzung der feministischen Ideen kämpfte.

DIE SAINT-SIMONISTINNEN

*Die Frau ist dem Manne gleich und muss dieselben Rechte besitzen
wie er. Heute führt sie noch ein Sklavendasein, und es ist die
Pflicht ihres Herrn, sie in die Freiheit zu entlassen.*
Devise des Saint-Simonismus[20]

Im Jahr 1834 schiffte sich in Marseille eine Gruppe emanzipierter Frauen der unteren und mittleren Schichten nach Alexandria ein, um ihren ägyptischen Schwestern zu besseren Lebensbedingungen zu verhelfen. Als Anhängerinnen der sozialutopischen Ideen des Grafen Claude-Henri de Rouvroy Saint-Simon forderten

»*Saint-Simonistin in theatralischem Kostüm*«, *1832.* Allemagne 1930, 275

sie die Gleichstellung der Frau. Nach dem Tode Saint-Simons im Jahr 1825 wurden seine Gedanken durch Barthélemy Prosper Enfantin, kurz Père Enfantin, weiter verbreitet.

1833 organisierte Enfantin eine Bildungsreise für männliche Ingenieure, Ärzte und Musiker nach Ägypten, wo er die große »Mutter«, eine Art weiblichen Messias, zu finden hoffte. Die Reise stand unter dem Motto »Dies ist nicht nur eine Reise in den Orient, sondern eine Reise hin zur Frau«. Mit ihren langen Haaren und Bärten, ihren scharlachroten Mützen, Westen, in der Taille gegürteten schwarzen Waffenröcken, weißen Halstüchern und eng anliegenden roten Hosen dürften die Männer bei der Landung in Alexandria alle Blicke auf sich gezogen haben.[21]

Als symbolische Überbrückung zwischen Orient und Okzident schwebte ihnen der Bau eines Suezkanals vor. Als sich der ägyptische Herrscher Mehmed Ali diesem Projekt verweigerte, wandten sie sich anderen Bauvorhaben zu – einem Nildamm und einer Ingenieurschule.* Darüber vergaßen sie dann das eigentliche Ziel ihrer Reise, d.h. die Suche nach der »Mutter«.

Schließlich ließ Enfantin den Saint-Simonistinnen seine Bitte übermitteln, ebenfalls nach Ägypten zu kommen. Rund zehn Frauen folgten dem Ruf. Unter ihnen war Suzanne Voilquin, die aus sehr einfachen Verhältnissen stammte, sich mit verschiedensten Tätigkeiten über Wasser gehalten und einen Syphiliskranken geheiratet hatte. Die leidenschaftliche Feministin stieß 1832 zu den Saint-Simonisten, verließ ihren Ehemann und begann, Artikel für die Zeitschrift *La Femme libre* zu schreiben. Als sie im Dezember 1834 in Ägypten eintraf, herrschte die Pest, die allein in Kairo 35 000 Menschen dahinraffen sollte. Sie fand ein Zimmer in der Altstadt von Kairo und Arbeit als Wäscherin, bevor sie sich im Gefolge des französischen Arztes Dr. Clot Bey als Krankenschwester verdingte. Als die Seuche endlich abgeklungen war, ließ sich Voilquin zur Hebamme ausbilden. Dann wurde sie krank

---

* Der Suezkanal wurde schließlich 1869 auf Initiative des französischen Vizekonsuls Ferdinand de Lesseps gebaut, der in den 1830er Jahren in Alexandria lebte.

Die Saint-Simonistinnen

und schwanger. Ihr Kind, dessen Vater nicht bekannt war, starb bald.

Im September 1836 war Voilquin in Paris. Ihr Plan, ein Heim für schwangere Mädchen zu gründen, scheiterte. 1838 wanderte sie für acht Jahre nach Russland aus. Von 1849 bis ungefähr 1860 lebte sie in den Vereinigten Staaten. In ihren 1865 veröffentlichten Erinnerungen *Souvenirs d'une fille du peuple* berichtet sie über ihre Erlebnisse in Ägypten.

Mehmed Ali Pascha, Vizekönig von Ägypten, gefolgt von Soliman Pascha al-Faransawi (Hauptmann Sève).
Ivray 1928, 193

Clorinde Rogé, eine andere Saint-Simonistin, deren Ehemann sich mit Enfantin in Algier aufhielt, ging nach Ägypten, um eine Mädchenschule zu gründen. Soliman Pascha al-Faransawi, ein hoher muslimischer Beamter am Hofe Mehmed Alis, der als Hauptmann Joseph Sève mit Bonaparte nach Ägypten gekommen war, unterstützte sie. Die attraktive Rogé verbrachte einige Zeit im Palast des Soliman Pascha am Nilufer in Kairo. Über die nähere Art dieser Beziehung ist nichts bekannt. Jedenfalls konnte Rogé sich Zugang zu den intimsten Harems verschaffen. 1836 traf sie wieder mit ihrem Ehemann zusammen und reiste mit ihm durch den Libanon, wo beide Hester Stanhope ihre Aufwartung machen wollten, was aber nicht gelang, nach Konstantinopel.[22]

Weniger ist über Mlle Agarithe Caussidère bekannt. Sie soll als Prostituierte tätig gewesen sein, bevor sie 1834 in Lyon Munition an die aufständischen Arbeiter verteilte. Nachdem ihr Vater und ihr Bruder den Tod gefunden hatten, brach sie mit einem gefälschten Pass nach Ägypten auf.[23]

Die Saint-Simonistinnen hofften, in Ägypten jene Unabhängigkeit zu finden und zu verbreiten, die ihnen in Frankreich verwehrt war. Doch ihr Idealismus war fehl am Platz. Die Ägypter duldeten sie, ohne jedoch ihre Lehren anzunehmen, und die Frauen rieben sich im Kampf gegen Seuchen und Armut auf. Für die männlichen Saint-Simonisten war die Frauenemanzipation ohnehin kein Thema mehr.

IM EXIL
Prinzessin Cristina di Belgiojoso (1808-1871)

Ich entdeckte in Syrien viele Häuser, die im europäischen Stil gebaut waren und an die Rathäuser der Normandie erinnerten. Der Anblick dieser düsteren Fassaden mag an sich deprimierend sein, nicht jedoch für eine Exilierte wie mich, die darin ein Stück ihrer Heimat erkennt. Cristina di Belgiojoso, 1855[24]

Die italienische Prinzessin Cristina di Belgiojoso durchquerte 1852 die Türkei, um die Region zu erkunden und eine Pilgerreise ins Heilige Land zu unternehmen. Nachdem die österreichische Geheimpolizei in ihrem Haus in der Lombardei den einbalsamierten und angekleideten Leichnam ihres Sekretärs Gaetano Stelzi entdeckt hatte, hatte sie es vorgezogen, das Weite zu suchen. Über Athen gelangte sie in die Türkei und erwarb am Bosporus in Eiaq-Maq-Oglou (»Sohn des Feuersteins«), einen Zweitageritt von Ankara entfernt, von einem gewissen Osman Pascha gegen die damals exorbitante Summe von 5000 Francs ein kleines Gehöft.

Cristina di Belgiojoso.
Vincent Vidal, in: Barbiera 1903, Frontispiz

Im Januar 1852 brach sie mit ihrer außerehelichen Tochter Maria, ihrer englischen Zofe, Mrs Parker, und Osmans Sohn für elf Monate zu Pferd nach Syrien und Palästina auf. Sie besichtigte Harems, verteilte Medikamente, befasste sich mit fremden Sitten und Gebräuchen und fand im entlegensten Winkel noch einen Mufti, mit dem sie über Gott und die Welt diskutieren konnte, z. B. über die Widrigkeiten des Reisens im Winter: über Brennöfen, die das Zimmer verräucherten, über die klirrende Kälte, die das Reiten erschwerte, oder über Wege, die Schneewehen unpassierbar gemacht hatten. Und wo immer sie sich aufhielt, in der Türkei, in Armenien oder Syrien, stets war es ihr ein wichtiges Anliegen, etwas über die Lebensbedingungen der Frauen zu erfahren.

Durch Syrien gelangte Belgiojoso nach Latakia und Beirut. In Sidon übernachtete sie in derselben französischen Karawanserei (Khan), in der dreißig Jahre zuvor Hester Stanhope logiert hatte. Die Karwoche verbrachte sie in Jerusalem und unternahm von dort aus Streifzüge zu den heiligen Stätten in der näheren Umgebung.

Als sie im Dezember auf ihren Hof zurückkehrte, hatte sie kein Geld mehr für die anstehenden Reparaturen. Zu allem Unglück stach ein lombardischer Bediensteter, der eine Affäre mit Mrs Parker hatte, auf sie ein. Belgiojoso erholte sich von dieser Verletzung nie mehr vollständig und beschloss, nicht länger im Land zu bleiben.

Belgiojosos starker, unabhängiger Geist prägte die Artikel, die sie für die Zeitschrift *La Revue des deux mondes* schrieb, ebenso wie ihr Buch *Asie Mineure et Syrie: Souvenirs de Voyages*. Nicht gewillt, zur Idealisierung des Orients beizutragen, konstatierte sie, dass »das Syrien, das ich gesehen habe, ... nicht dasselbe war wie das Syrien, das ich aus meinen Büchern kannte«. In Paris, wo sie für eine Weile lebte, rief sie mit ihrer Reise Stirnrunzeln hervor. Vermutlich schwebte Louise Colet Belgiojosos Beispiel vor, als sie in ihrem Roman *Lui* eine Prinzessin X erwähnte, die nach Asien reist, um sich mit arabischen Männern zu amüsieren.[25]

Manchmal hatten wir nichts zu essen, weil wir uns nicht um Proviant gekümmert hatten, und manchmal schliefen wir bei Regen im Freien. Aber passiert das nicht auch all denen bisweilen, die vorher sorgfältig alle Eventualitäten mitbedacht haben? Louisa Jebb, 1908

»Kleine Dinge fühlen die Kälte«

REISELOGISTIK

LOUISA JEBB war die perfekte Orientreisende. Die Engländerin nahm Unannehmlichkeiten ungerührt in Kauf und wusste, wie ihre Begleiterin »X« bemerkte, »mit den männlichen Bediensteten, die zu unserer Art des Reisens dazugehörten«, richtig umzugehen.[1] Diese X, eine Studentin der »vergleichenden Religionswissenschaft« mit wenig Sinn fürs Praktische, hatte nicht nur die Idee zu der Reise in die Türkei und nach Mesopotamien gehabt, sie sorgte auch dafür, dass die Frauen im Winter starteten. Auf die Frage, warum sie sich eine so unwirtliche Jahreszeit ausgesucht und obendrein für die Karawanenroute entschieden hätten, »die wegen der Überfälle der Hamidieh-Kurden längst aufgegeben« sei, meinte Jebb später, das habe sie sich auch schon gefragt, bisher jedoch ohne Ergebnis.[2]

Abgesehen von Hassan, ihrem albanischen Dragoman (das Wort leitet sich von *turjuman* – »Dolmetscher« – ab), der sie fast sieben Monate lang begleitete, wechselten ihre Begleiter, Köche, Träger und Führer ständig und bildeten einen ethnisch bunten Trupp. An ihrem armenischen Koch Arten, der hin und wieder Habsucht an den Tag legte, demonstrierte Jebb ihren Umgang mit männlichen Bediensteten. Sie nahm ihn regelmäßig beiseite und wies ihn auf Englisch, das er nicht verstand, zurecht:

Ein Khan in Smyrna.
Stich nach James Robertson, in: *Illustrated London News*, 3. Februar 1855, 113

X auf Reisen. Jebb 1908, 290

Diese Methode hatte den Vorteil, dass ich meinen Gefühlen freien Lauf lassen konnte, ohne die seinen zu verletzen. Doch uns verband auch eine geheime Sympathie. Uns beiden machte die Kälte sehr zu schaffen, und Arten wickelte mich sorgfältig in allerlei Wärmendes ein und verstopfte die Löcher und Spalten auf der Windseite. ... »Kleine Dinge fühlen die Kälte«, pflegte er voller Mitgefühl und so freundlich zu sagen, dass ich ihm auf der Stelle seine Habgier verzieh und vergaß, dass ich ihn manchmal wenig ehrerbietig fand.[3]

FORTBEWEGUNG

Du möchtest von einem Punkt zum anderen gelangen; dein Wunsch wird weitergegeben, und ein Maultier oder eine araba *erscheint an deiner Tür; und ob dies nun zur rechten Zeit oder, wie im Orient eher üblich, mit Verspätung geschieht, spielt keine Rolle, denn die Zeit wartet auf dich und wird ewig warten.* Louisa Jebb, 1908[4]

Louisa Jebbs Beobachtung, dass die Zeit im Orient keine Rolle spiele, findet sich bei vielen Reisenden. Ohne die Zwänge von Fahrplänen und festen Terminen – außer es ging zur Karwoche nach Jerusalem – konnten sie sich gemächlich bewegen.

Im 19. und zu Beginn des 20. Jahrhunderts waren die weiblichen Orientreisenden mehrheitlich gute Reiterinnen, was sich

Fortbewegung

in einer Gegend, in der es üblich war, sich auf dem Rücken von Tieren fortzubewegen, als äußerst nützlich erwies: Die Frauen trauten sich mehr zu, waren belastbarer und genossen zudem den Respekt ihrer Führer und Träger. Die meisten ritten im Damensitz, wegen der langen Kleider und weil das Reiten mit gespreizten Beinen als unschicklich galt. Dass Unterhosen bis in die 1850er Jahre hinein nicht verbreitet waren, stellte ein weiteres Hindernis dar. Damensattel waren im Orient jedoch schwer erhältlich, sodass die Frauen sie mitbringen mussten – wie Anne Blunt bei ihrer Reise in die Wüste Nadschd.⁵ Um rittlings zu Pferde sitzen zu können, trugen Jebb und X geteilte Reitkleider. Wenn Hassan ihnen beim Aufsteigen behilflich war, pflegte er »Hebt sie hoch!« zu sagen, und wenn er ihnen danach die Röcke richten wollte, hieß es »Lasst sie herunter!«. Mit diesen Brocken war sein englischer Wortschatz fast schon erschöpft.⁶

Persischer kajaweh. Stich von Adrien Marie nach Marcel Dieulafoy, in: Dieulafoy, in: *Tour du monde* 48, 1884, 139

Für Frauen, die nicht reiten wollten, gab es eine Vielzahl von Tragevorrichtungen, die zur Beförderung von Haremsdamen erdacht worden waren. Sie waren zwar unbequem, boten den Frauen jedoch die Freiheit, auch in Gegenden zu gelangen, die mit dem Pferd oder Maultier unzugänglich waren oder in denen sie »unverborgen« unwillkommen gewesen wären.

Der arabische *shuqdhuf* und der persische *kajaweh* bestanden jeweils aus zwei bettähnlichen Gestellen, die an Riemen zu beiden Seiten eines Maultiers oder Kamels herabhingen. Ein mit Teppichen bedecktes Lattenwerk machte sie zu wandelnden Zelten. Laut Rosita Forbes, die einen *shuqdhuf* aus eigener Anschauung kannte, funktionierte die Vorrichtung allerdings nur, »wenn beide

Eine araba *in Damaskus.*
Addison 1838, 198

Reisende gleich viel wogen und genau im selben Augenblick auf- und abstiegen«⁷.

Der *takhtarawan* aus Syrien und der Türkei war eine von Maultieren getragene Sänfte. Mary Elgin verzichtete eine Zeit lang auf ihr Pferd und probierte einen aus. Um hineinzuklettern, musste sie auf den Rücken eines Mannes steigen, der als Trittstufe diente. Lady Hester Stanhope war die Vorstellung, in ein solches Vehikel gezwängt zu werden, zuwider; ihr Liebhaber Michael Bruce und der Konsul von Aleppo, Mr Barker, hatten ihr eröffnet, dass sie darin nach Palmyra befördert werden sollte. »Sie kommen mit einem Ding aus Draht, einem *tartavan*«, schrieb sie. »Was für eine verrückte Vorstellung, in einer solchen Maschine zu stecken, wenn die *tartavan*-Führer sich bei Gefahr im Verzug aus dem Staub machen und dich den Launen zweier störrischer Maultiere überlassen!« Sie lehnte natürlich ab und zog ein Pferd vor.⁸

Im Gegensatz dazu »erniedrigten« die *araba* und die nicht minder schreckliche *telega* ihre Passagiere. Lady Elizabeth Craven beschrieb sie als »üble Gefährte, wie ein überdachter Karren mit Bankreihen im Inneren. Sie haben keinerlei Federung; und eines Tages … bestieg ich eine, zog es dann aber vor, flugs wieder auszusteigen und die sechs Meilen lieber zu Fuß zurückzulegen, als mich derart unbarmherzig durchrütteln zu lassen.«★⁹

Jane Dieulafoy erklärte ebenfalls, man komme zwar auch mit anderen Beförderungsmitteln voran, doch Reiten sei die beste

---

★ Bezeichnenderweise bedeuten Wörter aus dem Umfeld von *telega*, wie z. B. *taluqa*, *talakhlakha* und *takhalkhala* u. a.: vorwärts stürmen, hervorbrechen, schwankend, unstet, geschüttelt werden, aus den Fugen geraten.

Dahabijen in Bulak.
Stich nach Wilhelm Gentz, in: Ebers 1883, Bd. 2, 165

Art der Fortbewegung. Zur Entschädigung für die langen Stunden im Sattel könne man schließlich »stets frische Luft atmen«[10].

Ägypten ließ sich am besten per Boot erkunden, und davon gab es mindestens ein Dutzend Typen. Für die Fahrt nilaufwärts heuerte man üblicherweise eine mit Kabinen ausgestattete Dahabije an. Amelia Edwards, die sich im Winter 1873/74 in Ägypten aufhielt, schildert anschaulich die Wahl eines passenden Bootes und vergleicht sie mit der Suche nach einem Haus:

> Die Boote sind alle nach demselben Muster gebaut, was für Häuser so nicht gilt; und abgesehen davon, dass sie größer oder kleiner, sauberer oder schmutziger sind, gleichen sie einander aufs Haar. … Jeder Reïs oder Kapitän legt Zeugnisse vor, die er von früheren Reisenden erhalten hat, und diese Bescheinigungen zirkulieren offensichtlich und tauchen auf geheimnisvolle Weise an Bord verschiedener Boote und in den Händen verschiedener Anwärter auf. Das ist aber noch nicht alles. Da Dahabijen, anders als Häuser, beweglich sind, ist ein Boot, das gestern am Ostufer lag, heute vielleicht am Westufer vertäut.[11]

Dahabije auf dem Nil, 1860–1890. Abdruck mit frdl. Gen. der Library of Congress, LC-USZ62-104865

Edwards widmete ihren Bootsstudien etliche Stunden des Tages. Sie versuchte, all die Namen, Merkmale und Kapitäne auseinander zu halten, und sicherte sich nach zehn Tagen schließlich die *Philae*, ein großes Boot, das pro Tag zehn Pfund kostete – alles inbegriffen außer Wein. Ihre Begleiterin »L« (Lucy Renshaw), deren Bedienstete Jennie Lane, »das glückliche Paar« (die Eyres auf Hochzeitsreise), deren Bedienstete Miss Urquhart und »der Maler« (Andrew McCallum) schlossen sich ihr an. Hinzu kamen 19 Mann Besatzung: Chefkoch Hassan Bedawee und sein Küchenhelfer, Dragoman Elias Talhamy, Reïs Hassan, die Kellner Michael und Habîb, der Koch für die Besatzung und zwölf Seeleute.[12] Für die rund 1550 Kilometer lange Strecke von Kairo nach Wadi Halfa und zurück brauchte die *Philae* etwa vier Monate und damit fast doppelt so lange wie üblich, denn Edwards' Wunsch entsprechend wurde unterwegs jeder Tempel aufgesucht, der irgend erreichbar war.

Bei Edwards finden sich auch Bemerkungen über die Zahl der Dampfboote, die auf dem Nil unterwegs waren. Diese großen und schnellen Schiffe, die bis zu hundert Passagiere befördern konnten, fuhren seit Anfang der 1860er Jahre auf dem Nil und läuteten den Untergang der gemächlichen Fahrt unter Segeln ein. Eine Frau, die mit dem Dampfboot unterwegs war, musste sich an Fahrpläne halten und befand sich in Gesellschaft europäischer Reisender, sodass ihr der Kontakt mit Ägyptern und die Unabhängigkeit verwehrt waren, die Edwards auf der *Philae* so genoss.

Wo übernachten wir?

WO ÜBERNACHTEN WIR?

Ich habe auf allem und auf nichts geschlafen. Rosita Forbes, 1928[13]

Heutigen Orientreisenden fallen an Hotels u. a. das »Shepheard's« in Kairo und das »Pera Palace« in Istanbul ein. Vor dem Bau dieser Häuser im europäischen Stil hatte man in puncto Unterkunft keine große Wahl. In Syrien, der Türkei oder in Ägypten konnte man in einem Khan – auch Karawanserei oder *funduq* genannt – Quartier nehmen, einem großen, um einen Innenhof herum errichteten Gebäude, das für Händler und ihre Tiere eingerichtet war. Dort gab es nur primitive Latrinen und keine Trennung der Geschlechter, es sei denn, man zahlte für einen separaten Raum – sofern es einen gab.

Isabella Bird, die im Irak ihr Zelt im Hof eines Khans aufschlug, musste erleben, wie Schafe über die Spannseile stolperten. Im Innern eines Khans in Persien fiel die Temperatur auf minus 27° C, und ihr Zimmer musste erst einmal vom Schnee befreit werden.[14] Ihr armseliges Nachtquartier in der irakischen Stadt Bakuba beschrieb Bird folgendermaßen:

»Das Zelt, das Mrs Bishop (Isabella Bird) im Land der Bachtiaren benutzte«. Bird steht rechts. Stoddard 1906, 229

> Es gibt einen großen, rechteckigen, mit Kot und Unrat übersäten Hof, der von Ställen und einigen dunklen, verfallenen Räumen umgeben ist. Eine schiefe Treppe führt auf ein schmutziges Flachdach mit einigen engen Verschlägen – Zimmer kann man sie nicht nennen. Sie haben grobe, nur von außen zu verschließende Türen, als Fenster dienen kleine, runde, meist mit Stroh ausgestopfte Löcher knapp unterhalb des Dachs, als Fußboden durchgeweichte Erde, als Feuerstellen in die Erde grabene Löcher. Die Wände sind schmierig und unverputzt, die Ecken voll uralter staubiger Spinnweben. Wände und Dachsparren hat der ewige Rauch geschwärzt, und Käfer und anderes scheußliches Getier flieht in die Ritzen, sobald die Tür geöffnet wird, und taucht schleunigst wieder auf, sobald sie verschlossen ist. Jeder Verschlag hat in der Außenwand ein Loch, das als Kochstelle dient. Die Kleidung der Leute ist ekelhaft, der Gestank hält nur gerade Winterschlaf, und Gleiches tut Gottseidank auch das Ungeziefer.[15]

Gertrude Bell zeltete, wo immer es möglich war, doch im türkischen Beydagi schlief sie in der Ecke eines Khans. Sie fühlte sich in ihrer Nische auf dem aufgeschlagenen Feldbett ganz wohl, doch ihr Dragoman Fattuh hielt eine solche Unterbringung für unter ihrer Würde.[16] Das andere Ende der Skala bildete die Kreuzfahrerburg. Als Bell beim Kal'at el Husn, dem Krac des Chevaliers in Syrien, ankam, ahnte sie noch nicht, dass sie in einer solchen übernachten würde. Sie ritt durch das hohe Tor

> in einen gewölbten Gang, durch den eine Wendeltreppe aufwärts führte. Es war fast Nacht darin; einige Schießscharten … verbreiteten kaum einen Schimmer von Tageslicht. … Mir war, als ritt ich an der Seite eines Ritters aus dem Feenreich, und ich wäre nicht überrascht gewesen, wenn mir … von dem Torbogen Worte wie »Sei kühn!« »Sei kühn!« »Sei nicht zu kühn!« entgegengeleuchtet hätten.«[17]

Anfang des 19. Jahrhunderts konnten Reisende bei Konsuln nächtigen; eine andere Möglichkeit waren Konvente oder Klöster. Das Katharinenkloster auf dem Berg Sinai etwa nahm alle

Der Konvent von Mar Saba. Stich nach W. H. Bartlett, in: Stebbing 1847, 182

auf, die einen Empfehlungsbrief vom dazugehörigen Konvent in Kairo vorweisen konnten. War so ihre ehrliche Absicht festgestellt, wurden sie mit einer Winde zur Pforte hochgehievt, die weit über dem Erdboden lag. Ein Reiseführer empfahl Frauen, »die von einer solchen Reise durch die Luft nicht begeistert sind«, sich durch ein kleines Tor in den Garten und von dort über einen »dunklen unterirdischen Gang ins Innere« zu begeben.[18]

Nun gab es in Syrien und Palästina zwar Konvente in großer Zahl, doch nur wenige standen Frauen offen. Um z. B. in Mar Saba bleiben zu können, musste ein Mann nur einen Brief des griechischen Patriarchen vorzeigen, eine Frau hingegen erhielt unter keinen Umständen Zutritt. Viele Frauen versuchten trotzdem ihr Glück. Ida Pfeiffer verbrachte eine einsame Nacht in einem nahe gelegenen Turm, Harriet Martineau überhäufte die ungastlichen Mönche mit Schmähungen, und Isabel Burton hatte ein Zelt dabei. Die Frauen aus Martineaus Reisegesellschaft kampierten ebenfalls, Berichten über marodierende Beduinen zum Trotz. Der Dragoman legte sich in die eine Ecke des Zeltes, der Koch in die andere; so meinten sie für die Sicherheit der Frauen gesorgt zu haben.[19]

Cristina di Belgiojoso und ihre Begleitung waren durch einen Felsbrocken gefährdet, den Mönche direkt über ihren Köpfen auf einen Erdwall gerollt hatten. Eine Gruppe Engländer war kurz vorher wegen schlechten Benehmens vom Kloster vor die Tür gesetzt worden, und deshalb wurde jetzt jeder abgewiesen. Da half kein Empfehlungsbrief, nicht einmal vom Zaren.[20]

Belgiojoso, Burton, Emily Beaufort, Martineau und Bell übernachteten lieber im Zelt als in den Khans mit all ihrem Ungeziefer. Doch das Kampieren erforderte eine ausgefeilte Logistik. Louisa Jebb schreibt über die Zelte, die Wäsche, die Lebensmittel und Gerätschaften, die sie und X mit sich herumschleppten: »Das alles schien jetzt sehr viel zu sein, auch wenn wir nur das Nötigste mitnahmen. Doch dann zeigte sich, dass man vorher kaum wissen kann, was man wirklich benötigen würde.«[21] Häufig mussten sie feststellen, dass ihre Vorräte nicht reichten. Jebb meinte, die Härten der Reise hätten ihnen die Augen dafür geöffnet, was im Leben wirklich wichtig sei:

> Du blickst etwas Wesentlichem ins Auge. All die kleinen Hilfsmittel, die wir gern als Schutzschild benutzen, fallen weg, und du bist einfach nur da, du selbst in deiner ganzen Blöße inmitten der nackten Tatsachen. Und wenn du nur genug Nässe oder genug Kälte oder genug Hunger erfahren hast, hat es sich schon gelohnt, denn das wirst du nie vergessen. Die Erinnerung daran wird stets und ständig wach sein, wenn du wieder stärker in den Fesseln der Konvention gefangen bist und ein klares Bild davon zu gewinnen versuchst, was eine Tatsache ist und was nicht.[22]

Selbst unter den reiseerfahrenen Europäerinnen waren nur wenige mit einem solchen Vagabundenleben vertraut. Auf Ungeziefer, Dreck und Gestank waren Frauen, die Südeuropa bereist hatten, möglicherweise vorbereitet, doch im Orient mussten sie sich außerdem mit dem Verlust ihrer Privatsphäre und den unsicheren Verhältnissen abfinden. Den Frauen, die nicht zimperlich waren und Selbstvertrauen ausstrahlten, begegnete ihre Gefolgschaft allerdings mit besonderem Respekt.

Zeltlager für Touristen in Palästina, 1860–1900.
Abdruck mit frdl. Gen. der Library of Congress, LC-DIG-ppmsca-04960

Anfang des 19. Jahrhunderts wurden in den größeren Städten Hotels eröffnet. In Konstantinopel etwa gab es ab 1813 Pensionen. Aus dieser Zeit stammen auch briefliche Hinweise von Hester Stanhope auf zwei europäische Hotelinhaber, eine Mrs Testa und eine Mme Fontin. In den 1840er Jahren war Mme Josephine, auch Giuseppina genannt, eine beliebte Gastwirtin.

Die Österreicherin Ida Pfeiffer zeigte sich 1842 erleichtert über die gastfreundliche Aufnahme in Mme Balbianis Hotel in Konstantinopel.★ Von ihren Landsleuten hatte sie trotz ihrer Empfehlungsbriefe eine Abfuhr erhalten, weil – so meinte sie – »ich … das Unglück hatte, weder mit großem Namen noch in großem Pomp erscheinen zu können«. Als sie 1848 nach ihrer ersten Weltreise wieder dorthin kam, erhielt sie die bedauerliche Mitteilung, dass Balbiani sich zur Ruhe gesetzt habe. Man schickte sie zum »Aux Quatre Nations«, das eine Mme Prust betrieb, »eine geschwätzige Französin, die beständig das Lob ihres Hauswesens, ihrer Dienerschaft, Küche usw. im Munde führte, worin ihr aber wohl keiner der Reisenden beistimmte«[23].

★ Man könnte spekulieren, dass es sich bei Mme Balbiani in Wirklichkeit um Mme Josephine handelte, doch ich habe keine Bestätigung für diese Annahme gefunden.

> **CONSTANTINOPLE—PERA.**
>
> ## HOTEL DE L'EUROPE,
>
> **Mr. G. N. DESTUNIANO, Proprietor.**
>
> THIS superior and well-managed Hotel is admirably situated, and commands a magnificent view of the Bosphorus, the Harbour, and the Golden Horn.
> Gentlemen visiting Constantinople will find this Establishment excellent in every respect, and replete with comfort.
> Mrs. Destuniano being English is an additional guarantee that the strictest attention will be paid to English visitors.

Anzeige des »Hôtel de l'Europe«, 1871

Das berühmteste und teuerste Hotel in Konstantinopel war von etwa 1850 bis in die 1870er Jahre das »Hôtel d'Angleterre«, das nach seinem Besitzer James Missirie auch »Missirie's« genannt wurde. In den 1860er Jahren kosteten Kost und Logis dort vier US-Dollar. Missirie war 1835 Dragoman des Engländers Alexander Kinglake gewesen und hatte eine Engländerin geheiratet, »eine höchst freundliche und vorzügliche Person, bei der jeder bei den zahlreichen Schwierigkeiten, mit denen Fremde hier zu tun haben, Zuflucht sucht«. Auch der Besitzer des »Hôtel de l'Europe«, G. N. Destuniano, war mit einer Engländerin verheiratet und warb unter Hinweis darauf mit einer besonders zuvorkommenden Behandlung englischer Gäste.[24]

In Damaskus gab es zwischen Anfang der 1840er Jahre und etwa 1860 nur ein Hotel – das bescheidene, aber sehr geschätzte »Dimitri's«. Martineau, Jane Digby, Beaufort, Burton sowie Anne und Wilfrid Blunt stiegen dort ab. Nach 1860 kamen zwar weitere Hotels hinzu, doch noch für Jahrzehnte keines im europäischen Stil.

Anfang der 1840er Jahre eröffnete im »Frankenviertel«* von Kairo das berühmte »Shepheard's Hotel«, das diesen Namen allerdings erst mit der Übernahme durch Sam Shepheard 1846 erhielt. Es war so beliebt, dass immer wieder Reisende abgewiesen werden mussten, darunter auch Harriet Martineau. Angesichts der vielen Frauen, die dort ihr Baby zur Welt bringen wollten, murrte Shepheard, man sollte »meinen, ich würde eine Entbindungsklinik betreiben«[25].

---

* Im Orient wurden alle Europäer, aus welchem Land sie auch kamen, als »Franken« bezeichnet.

Die europäisch geführten Hotels lockten immer mehr weibliche Reisende in die Ferne. Man warb mit speziellen Salons für Damen und betonte die Familienfreundlichkeit der Unterkünfte. Frauen, denen es nie in den Sinn gekommen wäre, solche Strapazen auf sich zu nehmen wie Cristina di Belgiojoso oder Ida Pfeiffer, konnten nun ohne Bedenken zumindest Konstantinopel oder Kairo besuchen.

Abbildung aus einer Anzeige des »Shepheard's Hotel«, 1868

UNSER TÄGLICH BROT

Arten war flink, drahtig, gut organisiert, schmutzig, intelligent und unaufrichtig; er war auch der Koch. Ich sage mit Bedacht »der Koch«, denn ein Koch war er nicht. … Wenigstens wusste er, da er selbst ein gefräßiger Mensch war, dass wir von Zeit zu Zeit irgendetwas zu essen brauchten. Louisa Jebb, 1908[26]

So offen wie Louisa Jebb äußerten sich nur wenige Reisende über Probleme der Verpflegung. Sie und X mussten ständig kümmerliche Rationen strecken, damit sie und ihre Leute etwas zu essen hatten. Einmal warf Arten alles, was sie hatten – eine Zwiebel, etwas Schokolade, Fleischextrakt und Reis –, in einen Topf und rührte daraus einen ungenießbaren Eintopf. X kostete nur und begann dann abwesend an einem Kanten Brot zu kauen, der Jebb nicht unbekannt war:

> Ich erkannte ihn an einem eingebrannten schwarzen Zeichen, das wie eine Acht aussah. Er war Anfang der Woche zum ersten Mal auf-

getaucht …, da hatte ich aus dem Gefühl des Überflusses heraus verzichtet. … Die Männer hatten sich nach mir daran versucht, ihn mit ihren schmutzigen Fingern geknetet, dann aber, da sie mit dem Ergebnis der Prüfung unzufrieden waren, mit anderen Brocken in einen Beutel geworfen, der ein Sammelsurium von Küchengeräten enthielt. Am nächsten Tag … lag er auf der Erde. Doch als wir losritten, übermannte Hassan sein haushälterischer Sinn; er stieg ab und steckte den Kanten in die Tasche, wo er nun inmitten der unterschiedlichsten Dinge lag, die allesamt nicht so beschaffen waren, dass diese enge Nachbarschaft seinen Wohlgeschmack erhöht hätte. Ich war fest entschlossen, ihn verschwinden zu lassen, und als X die Hälfte hinlegte – zweifellos, um mir meinen Anteil zu geben –, warf ich sie ins Feuer. …

Der Koch nahm das Stück Brot wieder heraus, blies die Asche ab, rieb es an seinem schmierigen Ärmel sauber und bot es mir an.

»Nimm es selbst«, sagte ich großzügig …, doch er wickelte es sorgfältig in einen schmutzigen Leinenbeutel und legte es beiseite.

»Jarin« (morgen), meinte er.[27]

Etliche Reisende begegneten den Speisen, die ihnen in der Fremde angeboten wurden, mit prinzipiellem Misstrauen. Einige gewöhnten sich nie daran, dampfenden Pilaw mit den Fingern von einer Platte zu klauben, von der sich alle bedienten. Es gab vielfache Warnungen, unbedingt eigenen Proviant mitzubringen. Lady Francis Egerton stellte für ihren Treck mit ihrem Mann durch Syrien 1840 eine Liste »unverzichtbarer« Lebensmittel zusammen, darunter »Fertigsuppe, Schiffszwieback, Nudeln, Sago, Pfeilwurzstärke, englischer Käse und Tee«. Der Reiseführer *Murray's* empfahl, einen Käfig mitzunehmen, und zwar für das Huhn, das selbstverständlich mit zur Ausstattung gehörte. Auf dem Weg durchs Land der Bachtiaren ging Isabella Bird beim Proviant kein Risiko ein; auf ihrer 46-tägigen Reise von Bagdad nach Teheran hatte sie 32 Pfund Gewicht verloren. Nun gehörten zu ihren Vorräten Tee, Büchsenfleisch, Dosenmilch, Trockensuppen und Sacharin.[28] Gerade was die Ernährung betraf, war es für Orientreisende wichtig, unabhängig zu sein.

WENN ICH EIN MANN WÄRE

Mutlosigkeit gehört zu den schlimmsten Feinden des Reisenden. Insbesondere im Orient sind alle, die dieses quälende Gefühl nicht bezwingen können, zu einem sesshaften Leben verurteilt.
Cristina di Belgiojoso, 1855[29]

Unterschiede in Sprache und Kultur, klimatische Extreme und schwieriges Gelände stellten frühe Orientreisende vor Probleme, doch in anderer Hinsicht war das Reisen dort sogar weniger mühsam als in Europa. Ein Gefolge etwa war ebenso schnell beisammen wie die Träger, deren Packtiere bereitwillig alles schleppten, was man mitzunehmen beliebte. Wie in Europa hatte eine Frau, die mehr Geld springen ließ, mit weniger Unannehmlichkeiten zu rechnen. In Beirut waren Reisende ähnlichen Gefahren ausgesetzt wie in Nizza oder Neapel. Ruhr und Cholera waren weit verbreitet, besonders gefürchtet aber war die Pest, die von 1813 bis 1815 und 1835 in der Region grassierte.

Ein weiteres Hindernis stellte Prüderie dar, auch wenn an ihr gewiss noch niemand gestorben ist. Frauen aus der Mittel- und Oberschicht forderten ein Maß an Privatsphäre, wie es unterwegs kaum realisierbar war. Dies dürfte zu den unterschiedlichsten Komplikationen geführt haben. Ida Pfeiffer etwa hat für die Dauer einer zehntägigen Reise nach Alexandria ihre Kleidung weder gewaschen noch gewechselt. Damit nicht genug, steckte sich ein neugieriger griechischer Matrose ihre Zahnbürste in den Mund. Einige Reisende erwähnten, dass sie häufig in ihren Kleidern schliefen. Nur sehr selten erfahren wir, wie sie es mit dem Baden hielten. Emily Beaufort deutet an, dass sie täglich in ihrer Zinnwanne badete, die auch als Transportbehälter diente. Isabella Bird hatte Probleme, einen Platz zu finden, an dem sie in ihre Gummibadewanne steigen konnte. Bei Anne Blunt heißt es ohne nähere Details, sie und ihr Mann Wilfrid hätten gelegentlich in ihrem Zelt ein Bad genommen.

Ein großes Ärgernis und Handikap dürfte für die Frauen weggefallen sein, wenn bei ihnen die Menopause eintrat; vielleicht war dies der Grund dafür, dass viele ältere Frauen die Reisestrapazen mit größerem Gleichmut ertrugen. Über die Menstruation wie auch über andere intime Themen schweigen sich die Frauen jedoch durchgehend aus.

Weit über das übliche Maß hinaus gingen die Schrecken, die Bird als fast Sechzigjährige auf ihrem Treck durch Persien durchstehen musste. Sie stapfte durch tiefsten Schnee, überlebte einen Karawanen-Zusammenstoß, spürte, wie in der Kälte ihr Herz zu versagen drohte, musste wiederholt vom Pferd gezogen und wiederbelebt werden, wurde in Kleinstädten mit Hohn und Spott begrüßt und ertrug Diebstähle und Bedrohungen. Und doch schrieb sie über einen Khan, dessen Tür sich nicht absperren ließ, weil sie nur rudimentär vorhanden war: »Wie man sich doch unter solchen Umständen ganz und gar auf seine Mitgeschöpfe verlassen muss! ... Meine einzige Furcht beim Einschlafen galt einer Raubkatze.«[30]

Viele Schwierigkeiten waren mangelndem Selbstvertrauen geschuldet. Ida Pfeiffer z. B. hätte nie gedacht, dass das Reisen ihr so zusetzen würde. Abhilfe schaffte auch nicht die Ehrfurcht, die man ihr überall entgegenbrachte. Pfeiffer wurde im Orient nie angegriffen und nie ernsthaft krank, doch dass sie immer und überall Aufsehen erregte, nahm ihr allen Mut.[31]

Von der Angst vor Belästigungen ist nur selten die Rede und in expliziter Weise erst ab dem 20. Jahrhundert. Freya Stark, die bei ihrer Reise durch den Irak Ende dreißig war, fragte sich, warum einige Frauen um ihre Tugend fürchteten: »Ich finde es ziemlich albern, sich um solche Dinge Sorgen zu machen, wenn man erst einmal das mittlere Alter erreicht hat, doch die Engländerinnen hier, die mindestens so alt sind wie ich, scheinen mit einem Überfall zu rechnen, wenn sie am Abend ein paar Meter allein zu Fuß unterwegs sind.«[32]

Nun wäre es allerdings ein Irrglaube zu meinen, dass Frauen sich so ungezwungen bewegen konnten wie ein Mann. Über die Kämpfe, die etwa Gertrude Bell mit ihrem Personal auf ihrer Türkeireise 1905 auszufechten hatte, schreibt sie: »Gestern Abend hätten meine Bediensteten eine Tracht Prügel verdient, und sie hätten sie auch bekommen, wenn ich ein Mann wäre – ich kann mich kaum erinnern, je eine solche unterdrückte Wut gespürt zu haben! –, doch so muss ich meine Zunge hüten und mich irgendwie mit ihnen arrangieren.«[33]

Rosita Forbes hatte ähnliche Probleme, meinte aber sich mit einer Schusswaffe Respekt verschaffen zu können. Bei einer Expedition nach Arabien widerrief sie einen Befehl ihres Führers Farraj. Als die Männer zögerten, zog sie den Revolver und verkündete: »Jeder, der mir nicht folgt, geht auf eine lange Reise.« Farraj hob das Gewehr, doch Forbes war schneller am Abzug. »Er bot vor der untergehenden Sonne ein gutes Ziel«, schreibt sie. »Mein erster Schuss streifte seine Hand, der zweite schlug ihm das Martini [ein Gewehrtyp] weg.« Ihr erster Treiber rief aus: »Bei Allah, Eure Worte treffen wie Eure Kugeln!«[34]

Als Isabella Bird sich von zornigen, mit Stöcken bewaffneten Männern umringt sah, die wild gestikulierten und sie als Ungläubige beschimpften, griff sie zum Revolver. Sie schreibt: »Ich inspizierte die Kammern in aller Ruhe, obwohl ich genau wusste, dass alle geladen waren. Das hatte die gewünschte Wirkung.«[35]

Harriet Martineau erzählt, sie wäre beinahe überfallen worden, als sie mit einer Gruppe Engländer in Syrien unterwegs war. Scheich Hussein, ihr Begleiter, meinte sich ein wenig Geld verdienen zu können, indem er sie durch das Territorium eines anderen Scheichs schmuggelte. Als der jedoch merkte, was geschah, hetzte er seine Leute auf Martineaus Gruppe:

> Die Wächter wurden versammelt, die Kamele zusammengetrieben, die Scheichs rannten umher und machten Zeichen, dass von den Sanddünen her ein Beduinenangriff bevorstehe. Die Gewehre wurden entsichert, die Schwerter und Messer gehoben. Gerade in diesem Moment gespanntester Erwartung eines großartigen Wüstenschauspiels lief ein alter Kameltreiber, ein Neger, auf mich zu, riss mir die Zügel aus der Hand und führte mein Kamel fort.[36]

Dieser Überfall wurde vereitelt, doch bei seiner Rückkehr geriet Hussein, wie Martineau später erfuhr, in einen Hinterhalt, und sechs seiner Leute wurden umgebracht.

REISELOGISTIK

Hinein in die Gefahr

Alexine Tinne in ihrem Haus in Kairo. Stich nach Émile Bayard, in: Zurcher/Margollé, in: *Tour du monde* 22, 1870/1871, 297

Ich wünsche mir ein kleines Geschütz oder eine Haubitze, die jeweils nicht mehr als 160 Kilo wiegen darf. Das Ding muss gerade und nicht im Bogen schießen, die Kugeln oder Granaten müssen explodieren. Damit ausgestattet, dürfte ich überall hinkommen, heißt es hier, und nach einem solchen Gerät verlangt es mich fast am meisten.
Alexine Tinne, 1869[37]

Einige Frauen kamen dem gewaltsamen Tod gefährlich nahe. Alexine Tinne, eine reiche Reisende aus Holland, entging ihm nicht; sie erlitt damit allerdings ein eher ungewöhnliches Schicksal. Im Juli 1864 hielt sie sich in Kairo auf. Von der Krankheit, die ihre Mutter, ihre Tante und zwei Kammerzofen bei der Erkundung des Sudan dahingerafft hatte, war sie wie durch ein Wunder verschont geblieben. Eine Reise nilaufwärts bis tief in den Sudan hinein galt generell – umso mehr natürlich für Frauen – als äußerst kostspieliges, ehrgeiziges und gefährliches Unterfangen.

Alexine verließ, ohne sich von diesen Todesfällen entmutigen zu lassen, Ägypten, machte eine Mittelmeerfahrt und ließ sich 1867 in Algier nieder. Ursprünglich wollte sie den Ort als Basis für eine Reise in die Wüste nutzen, gab diese Idee jedoch wegen der ständigen Aufstände bald auf. Im Januar 1869 fuhr sie nach Tripolis im heutigen Libyen und traf Vorbereitungen für eine Sahara-Durchquerung. Ihre mit Vorräten und Geschenken überladene Karawane kündete von ihrem gewaltigen Reichtum. Der

Zug, zu dem die holländischen Seeleute Cornelius Oostmans und Arij Jacobse sowie etliche Sudanesen und Araber gehörten, erreichte die Stadt Mursuk, etwa achthundert Kilometer südlich von Tripolis, Anfang März. Wegen einer Erkrankung musste Alexine dort eine zweimonatige Zwangspause einlegen. Während der Genesung nahm sie Verhandlungen auf, um sich dem Schutz des Tuareghäuptlings Scheich Ichnuchen zu unterstellen, und traf mit dessen Neffe Bu Bekker zusammen, der in eine Blutfehde verwickelt war. Schließlich war Alexine so weit wiederhergestellt, dass sie sich auf den Weg nach Ghat machen konnte, wo sie mit Ichnuchen zusammentreffen wollte. Am 1. August 1869 näherte sich ihrer Karawane jedoch ein kleiner Trupp Araber und Tuareg, darunter auch Bu Bekker, der erklärte, von nun an werde er die Führung übernehmen. Als seine Männer Alexines Leute zu entwaffnen versuchten, brach Streit aus. Jacobse versuchte zu vermitteln und wurde von einer Lanze durchbohrt. Alexine trat dazwischen und verlor durch einen Schwerthieb die Hand. Sie und Oostmans wurden erschossen, die Karawane wurde ausgeraubt. Erst am 18. August erfuhr ihre Familie von der Tragödie. Sie war 33 Jahre alt.[38]

Glücklicherweise blieb Alexine Tinnes Schicksal die Ausnahme. Die meisten Frauen überlebten ihre Exkursionen weitgehend unbeschadet und zogen aus einer jeden Lehren für die nächste, noch größere Herausforderung.

Insbesondere in der ersten Hälfte des 19. Jahrhunderts erforderte eine Reise in den Orient Umsicht, Geld und Zeit. Zwar erledigten das Gefolge und die Träger gegen Bezahlung den Großteil der Arbeiten und sorgten für Proviant, doch jemand musste sie anheuern und anleiten. Und das hatten die wenigsten Reisenden zu Hause gelernt, denn das war etwas ganz anderes, als ein Dienstmädchen anzuweisen. Erschwerend kam hinzu, dass viele Frauen ihre Bediensteten zwar auf ihre Reisen mitnahmen, diese außerhalb ihrer gewohnten Umgebung jedoch eher hinderlich waren. Indem die Reisende die Aufsicht übernahm, stellte sie wiederum unter Beweis, dass sie zu eigenständigem Handeln in der Lage war.

OHNE MÄNNLICHEN SCHUTZ
Ida Pfeiffer (1797–1858) und Isabella Bird (1831–1904)

Miss Dawkins erklärte, sie habe nicht die Absicht, es Ida Pfeiffer gleich zu tun, denn sie spüre, dass sie Tisch und Bett in gewisser Weise brauche. … Ihr war nicht klar, dass sie aufgrund dieser Einstellung nicht alles würde sehen können, was sie sehen wollte, weil weder Vater noch Ehemann oder Brüder als Begleiter zur Verfügung standen. Anthony Trollope, 1860[39]

Miss Dawkins, eine fiktive Gestalt von Anthony Trollope, die von England bis zu den Pyramiden reiste, war eine »Frau ohne männlichen Schutz« und befand sich damit in den 1860er Jahren im Orient in guter Gesellschaft. Diese Einzelreisende war in schickliches Schwarz gehüllt und immer fein ausstaffiert, wenn auch nicht wirklich hübsch. Als Frau ohne Alter und ohne die Last eines Ehemanns galt sie den Reisenden, denen sie sich anschloss, gleichzeitig als bedauerns- und als beneidenswertes Geschöpf. Trollope porträtiert sie als mutig und ent-

Ida Pfeiffer. Pfeiffer: The Last Travels of Ida Pfeiffer; inclusive of a visit to Madagascar, 1861, Frontispiz. Abdruck mit frdl. Gen. der Library of Congress, LC-USZ62-108109

schlossen: »Die unbegleitete Frau weiß, worum es geht und was sie zu tun hat, und sie tut es«, liest man. Sie hatte ein bescheidenes Einkommen, kam leicht ins Gespräch, »und man begegnet ihr auf jeder Nilreise. Sie ist in Konstantinopel zu Hause ..., doch ihr Hauptquartier hat sie vielleicht in Jerusalem.« Weiter heißt es: »Ihre Unterröcke hindern sie nicht, sich das anzuschauen, was Männer sich ansehen, und das zu genießen, was für einen Mann von Natur aus so leicht, für eine Frau hingegen so schwer zugänglich ist.«[40]

Ida Pfeiffer, zweifellos das Musterbild einer »Frau ohne männlichen Schutz«, war schon im Mädchenalter von dem sehnlichen Wunsch zu reisen beseelt. Eine moderne Erziehung hatte in ihr eine lebhafte Neugier und Abenteuerlust geweckt, doch ihrer Heirat und ihrer Kinder wegen musste sie die Erfüllung ihrer Träume zunächst aufschieben. Mit 45 Jahren, als ihre Söhne erwachsen waren, trennte sie sich von ihrem Mann und machte sich auf ins Heilige Land – ausgestattet nur mit den armseligen Ersparnissen von zwanzig Jahren und einer Hand voll Empfehlungsschreiben an die österreichischen Konsuln, die es da und dort gab und die keineswegs alle Deutsch sprachen. Im März 1842 ging sie in Wien an Bord des ersten von sechs Schiffen, die sie donauabwärts und dann bis nach Konstantinopel bringen sollten. Es war zwar nicht die erste Reise, die sie allein unternahm – zwei Jahre zuvor war sie in Norditalien gewesen –, doch diesmal hatte sie sich viel vorgenommen. Und etliche Unannehmlichkeiten, mit denen sie nicht gerechnet hatte, standen bevor. So machte sie gleich zu Beginn die Erfahrung, dass Frauen, die die Donau auf dem »zweiten Platz« befuhren, ihre Kajüte mit Männern teilen mussten. Die Empörung darüber verblasste allerdings gegen das, was sie in den nächsten neun Monaten durchstehen sollte.

Pfeiffer war sich der Nachteile des Alleinreisens wohl bewusst und schloss sich, wann immer es ging, anderen Europäern an. In Konstantinopel sprach sie die Freiherren Carl und Friedrich von Buseck sowie den Künstler Hubert Sattler an, ob sie mit ihnen gemeinsam nach Bursa fahren könne. Anfängliche Bedenken zerstreute sie, indem sie versicherte, dass sie reiten könne (was zwar nicht stimmte, aber irgendwie ging es dann doch).

Die Nachricht, dass in Palästina die Pest und eine Revolte tobten, sorgte für einen kurzen Aufschub, bevor Pfeiffer Richtung Süden aufbrach. Wohlmeinende rieten ihr, sich als Mann zu verkleiden, doch sie entschied sich, erkennbar als Frau aufzutreten, denn sie machte sich über ihr Aussehen keine Illusionen: Ihre etwas gebückte Haltung und ihr kleiner Wuchs hätten sie ohnehin verraten. Wenn sie eine lockere Bluse und türkische Hosen trug, erklärte sie, »begegnete [man] mir mit Achtung und hatte oft Nachsicht und Güte für mich, gerade weil man auf mein Geschlecht einige Rücksicht nahm«[41].

Am 17. Mai 1842 schiffte sie sich auf der *Erzherzog Johann*, einem Dampfschiff des Österreichischen Lloyd, für die neuntägige Reise nach Smyrna (Izmir) ein. Sie fühlte sich einsam und verlassen, beschloss dann aber resolut, die Fahrt zu genießen:

> Und abermals stand ich in diesem Gewühl ganz allein, nur auf Gott und mein Vertrauen angewiesen. Keine freundliche, teilnehmende Seele geleitete mich an Bord. Alles fremd, die Menschen, die Sprache, das Land, das Klima, die Sitten und die Gebräuche. Alles fremd! Doch ein Blick hinauf zu den Sternen, ein Gedanke: Du bist nicht allein, solange du an Gott hältst, senkte Ruhe in meine Seele, und bald gewann ich es über mich, mit stiller Heiterkeit alles zu beobachten, was um mich vorging.[42]

Von Smyrna ging es übers Meer nach Rhodos, Zypern und Beirut. Unterwegs schloss sie Bekanntschaft mit William Henry Bartlett, einem Künstler und Schriftsteller, der das Buch *The Christian in Palestine* von Henry Stebbing illustrieren sollte. Sie leisteten einander auf dem langen Weg nach Jerusalem Gesellschaft.[43] Bei ihren Kirchenbesuchen blieb Pfeiffers Andacht selten ungestört, weil die Gemeinde, von ihrer Anwesenheit fasziniert, sie unverhohlen anstarrte. In einer Kirche war ihr Strohhut den Leuten ein solcher Dorn im Auge, dass der Priester sie bat, ihn gegen einen Schleier zu tauschen. Pfeiffer, die nicht bereit war, unter einem solchen Ding zu ersticken, erklärte dem geistlichen Herrn, er »möchte meinen Glaubensgenossen sagen, dass es bisher noch niemandem eingefallen sei, ein solches Begehren an eine Fränkin zu stellen, und dass sie besser täten, auf die Messe und ihre Gebete zu achten als auf mich«[44].

Für ihren Besuch des Toten Meeres und des Jordans suchte Pfeiffer wiederum männliche Begleitung. Sie fasste dafür eine Gruppe ins Auge, der Bartlett, vier Grafen*, ein Baron, zwei Ärzte, Bedienstete, zwei »Häuptlinge« und eine zwölfköpfige Leibwache angehörten. Alle waren sich einig, dass eine Frau nur eine Last sein würde. »Doch«, schreibt Pfeiffer, »Graf W. nahm sich meiner an und sagte, er habe mich auf dem Ritt von Bethlehem nach Jerusalem beobachtet, es fehle mir weder an Mut und Geschicklichkeit noch an Ausdauer, und man könne mich unbesorgt mitnehmen.« Pfeiffer litt unter dem immensen Druck, keine Schwäche zeigen zu dürfen. Empfand sie große Erschöpfung, klammerte sie sich so lange ans Pferd, bis auch die Männer nicht mehr konnten; Unpässlichkeiten versuchte sie zu verbergen.[45]

Titelblatt der englischen Ausgabe von Pfeiffers Reise einer Wienerin ins Heilige Land, *1852*

Nach Kairo und weiter durch die Wüste nach Suez reiste Ida Pfeiffer dann allein, doch Ägypten erschien ihr unerträglich ungesund, schmutzig, arm und primitiv. Nachdem sie das Land verlassen und in Süditalien auf viel Überheblichkeit gestoßen war, rief sie sich jedoch die vielen freundlichen Menschen ins Gedächtnis, denen sie in Ägypten begegnet war. Sie habe damals gar nicht bemerkt, wie gut man sie behandelt habe. Sie zog daraus den Schluss, dass die allerwenigsten Dinge den Vorstellun-

---

* Zu der Gesellschaft gehörte auch Graf Berchthold, mit dem sie später auf ihrer ersten Weltreise Brasilien durchquerte.

Isabella Bird (Mrs Bishop). Elliott & Fry Photographers, in: Stoddart 1906, Frontispiz

gen entsprechen, die man sich vorher von ihnen gemacht habe.⁴⁶

Wer heute als Frau ohne männliche Begleitung unterwegs ist, kann sich kaum ausmalen, mit welchen Schwierigkeiten Pfeiffer als Alleinreisende zu kämpfen hatte. Dass sie etwas Besonderes war, schien ihr jedoch nicht in den Sinn zu kommen. Sie ging davon aus, sich frei bewegen zu können, und überwand resolut jedes Hindernis. Damit war sie bestens vorbereitet für ihre späteren Weltreisen, die ihr weitaus mehr abforderten – die erste z. B. einen strapaziösen Treck durch Mesopotamien. Bei einer anderen Reise wurde sie auf Madagaskar von Königin Ranavala, deren Bannstrahl später alle Christen auf der Insel traf, gefangen gesetzt, und ihre Gesundheit nahm so sehr Schaden, dass sie sich nie mehr ganz erholte.

Die Engländerin Isabella Bird gab ihren üblichen Status einer »Frau ohne männlichen Schutz« während ihres Zugs durch Mesopotamien und Persien vorübergehend auf und unternahm weite Teile der Reise mit Major Herbert Sawyer, »M–«, wie er in ihren *Journeys in Persia and Kurdistan* heißt. Vorgestellt worden war sie ihm als eine von »drei Neuheiten – eine Mitreisende, ein Reitmaultier und ein uneingerittener Sattel«⁴⁷.

Ida Pfeiffer und Isabella Bird

»Mrs Bishop (Isabella Bird) im Reisekostüm in Erzerum«. Das Bild zeigt außerdem ihren persischen Begleiter Mirza Yusuf (rechts), den in der Türkei geborenen Iren Murphy O'Rourke (links) und Birds Pferd Boy. Stoddart 1906, 243

Los ging es im Januar 1890 in Bagdad, und die Reise führte das Paar nach Teheran und dann wieder nach Westen ins Land der Bachtiaren. Sawyer, der im Auftrag der indischen Armee unterwegs war, trieb ihren Zug durch das schlimmste Unwetter, und Bird erwies sich dabei als verlässliche Partnerin. Die beiden trennten sich in Borujerd in Lorestan, denn dort endete Sawyers Mission. Birds Reaktion: Sie freue sich, dass »morgen kein Ruf ›In die Stiefel und aufs Pferd!‹ die Morgenstille durchbrechen werde«[48].

Die Weiterreise durch Kurdistan und die Türkei hielt für Bird weitere Unannehmlichkeiten bereit, doch ihr Diener Mirza Yusuf, den sie in Teheran angeheuert hatte, erwies sich als große Stütze, ebenso ihr braves Pferd Boy. Sie hatte einen großen Arzneikoffer dabei, und in jedem Dorf schallte ihr der Wunsch nach Medikamenten gegen Augenentzündungen, Husten, Hautreizungen und Schusswunden entgegen. Nachdem sie Stunden auf dem Pferd zugebracht hatte, saß sie also bei Temperaturen von um die 40° C in ihrem Zelt und versorgte Kranke und Verwundete. Zum Dank wurde sie zweimal ausgeraubt und verlor beim zweiten Mal wertvolle Vorräte und Aufzeichnungen. Mit den Bedingungen vertraut, unter denen die Armenier lebten, sprach sie zu diesem Thema 1891 vor dem britischen Unterhaus.

Pfeiffer und Bird waren Ausnahmeerscheinungen unter den »Frauen ohne Schutz«, doch wie ihre »gewöhnlichen« Geschlechtsgenossinnen litten auch sie unter Einsamkeit. Dieses Gefühl wurde bei Pfeiffer durch den Entschluss, so billig wie möglich zu reisen, noch verstärkt. Bird hatte sich auf ihrer neunten größeren Exkursion bereits an die harte Realität des Alleinreisens gewöhnt und war, wie Trollope so jemanden nannte, zu einem »alten Hasen« geworden.

In der Tat waren Frauen, die ohne männliche Begleitung reisten, ganz auf sich gestellt: Niemand war auf sie vorbereitet, alle missbilligten ihr Tun, und so sahen sie sich in einem für Männer unvorstellbaren Maß ausgegrenzt. In europäischen Städten konnten sie sich z. B. bei Dunkelheit nicht allein zu Fuß bewegen, ohne für Prostituierte gehalten zu werden. Frauen konnten nicht allein im Restaurant essen. Einige Hotels boten eine Table d'Hôte, eine gemeinsame Speisetafel, doch es gab auch Hotels, die allein reisende Frauen abwiesen. So absolvierten viele Frauen bei Tag bis zur Erschöpfung Besichtigungen, um in den nicht enden wollenden Nächten schlafen zu können. Und die Einsamkeit hatte eine noch dunklere Seite: Ängste, mögen sie auch unbegründet sein, können sich bekanntlich ins Maßlose steigern, wenn man sie mit niemandem teilen kann.[49]

Im Orient aber kam eine Frau, die Vorurteile und Bedenken hintanstellte und ihren gesunden Menschenverstand gebrauchte, leicht in den Genuss von Gastfreundschaft und Begleitung. Die Neugier der Menschen kannte manchmal keine Grenzen, doch für unmoralisch hielten sie eine Frau ohne männliche Begleitung nicht. Man lud sie gern zu sich ein oder bot Hilfe an. Auf ihrer ersten Reise hatte Pfeiffer so sehr auf Unabhängigkeit gepocht, dass sie Gelegenheiten, ihrer Einsamkeit zu entkommen, nicht ergriff. Sie erkannte ihren Fehler und nahm auf ihren weiteren Reisen gastfreundliche Angebote stets bereitwillig an.

GANZ GEWÖHNLICHE FRAUEN
Rosita Forbes (1893-1967) und Freya Stark (1893-1993)

Die roten Linien, die sich durch die afrikanischen Wüsten schlängelten, zogen mich magisch an, und ich hoffte inbrünstig, dass die Pioniere, die ihre Namen in die Karten einschrieben, einen kleinen weißen Fleck Wüste für mich übrig lassen würden.
Rosita Forbes, 1928[50]

Was sie auch tat und wohin sie auch kam – die Engländerin Rosita Forbes brachte alle auf die Palme. Regierungsbeamte rauften sich die Haare, wenn sie in ihr Gebiet vordrang oder sich in die Politik einmischte.

Als sie 1920/21 tief in die Libysche Wüste bis nach Al-Kufra vorstieß, kam das einer kleinen Sensation gleich. Diese Oase an der Handelsroute

Rosita Forbes: ›Die Autorin als Beduinenscheich‹. Forbes 1921, 3

durch die Sahara war die Heimat der Senussi, die sich seit 1837 der reinen Lehre des Islam verschrieben hatten. Reisenden, die in ihr Gebiet eindrangen, begegnete dieses Volk mit Feindseligkeit. Die erste belegte Expedition unter der Leitung von Gerhard Rohlfs erreichte die Oase 1873; ihre Teilnehmer verloren bei einem Raubüberfall Aufzeichnungen und Karten.

Forbes machte sich 1920 mit dem ägyptischen Staatsbeamten Ahmed Hassanein, der in Oxford studiert hatte, auf den Weg nach Al-Kufra. Ein Empfehlungsschreiben von Emir Faisal an Sayed Idris, das Oberhaupt der Senussi in Adschdabija, etwa zweihundert Kilometer südwestlich von Bengasi, sorgte im November für freundliche Aufnahme, doch langfristig reichte die Unterstützung durch Idris nicht aus. Da die beiden jedoch nicht mehr vorzuweisen hatten, machten sie sich in einer Frostnacht mit ihrem Führer Abdullah, den Bediensteten Yusuf und Mohammed sowie einigen Trägern auf und davon. Forbes verwandelte sich in Sitt Khadija, Hassanein ließ seinen europäischen Anzug unter einem wallenden weißen Hemd und weiten Hosen verschwinden. Nur im Zelt, das sie, getrennt durch einen »Harems«-Vorhang, miteinander teilten, konnten sie die Maske fallen lassen.[51]

Das Paar verfügte über zwei nicht übereinstimmende Karten, machte sich Richtung Süden auf und geriet bald in weitere Schwierigkeiten: Die Vorräte waren nur für zwei gedacht, doch die Träger wollten auch versorgt sein, und so schmolz der Proviant rasch dahin. Dazu hatte Forbes einen geschwollenen Fuß, und Hassanein litt an Rheumatismus. Sie stolperten in Sandstürme und über Haufen von Knochen – von Tieren und Men-

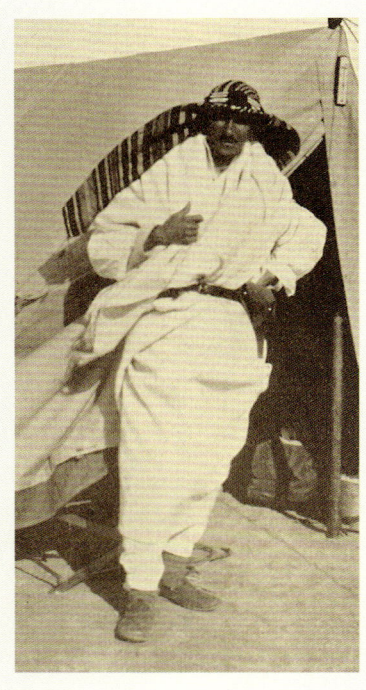

Ahmed Hassanein, Forbes' ägyptischer Reisebegleiter. Forbes 1921, 5

schen. Ihre Kamele wurden krank, und bald hatten sie kein Wasser mehr. Dann kam das Gerücht auf, Forbes und Hassanein wollten die Oase für eine spätere Besetzung auskundschaften. Als ihnen dies zu Ohren kam, wurde ihnen klar, dass sie sich in Lebensgefahr befanden. Ein paar Tagesreisen von Al-Kufra entfernt wurden sie ausgeraubt und wegen angeblichen Verrats mit dem Tode bedroht. Die Dorfbewohner setzten sie fest, doch schließlich durften sie weiterziehen: Mohammed, der vorausgeeilt war, um ihren Fall bei den offiziellen Vertretern der Senussi vorzutragen, kam mit einem unmissverständlichen Willkommensgruß zurück. Von Krankheit geschwächt und von Unrast getrieben, besuchten sie dann aber nur das Oasendorf At Taj sowie Al-Jawf, Regierungssitz und religiöses Zentrum der Senussi.

Auf der Rückreise erging es ihnen, obwohl sie einen kürzeren Weg wählten, noch schlechter. Da sie wussten, dass sie mindestens zwölf Tage ohne Wasser würden auskommen müssen, bestand ihre Karawane nur noch aus neun Personen, doch ihr Führer verirrte sich. Etwa achtzig Kilometer vor Siwa brach sich Hassanein bei einem Sturz das Schlüsselbein. Nachdem sie etliche Tage nur mühsam vorangekommen waren, stießen sie schließlich auf eine Patrouille des Kamelkorps, das zu ihrer Suche ausgesandt worden war.

Forbes machte sich unter den Arabisten mit ihren Reisen kaum Freunde. Gertrude Bell z. B. zweifelte ihre Fähigkeit, eine solche Reise zu unternehmen, und ihre Arabischkenntnisse an. Sie warf Forbes vor, in ihrem Buch *The Secret of the Sahara* Hassaneins Rolle geschmälert zu haben. Hassanein wiederum, der 1923 nach Al-Kufra zurückkehrte, würdigte Forbes in seinem Buch *The Lost Oases* kaum. Forbes aber ist und bleibt beispielhaft für ihren Mut als reisende Frau.

Forbes' Handikap hat einmal eine Journalistin – vielleicht unbeabsichtigt – benannt: Bei einem Interview in einem einfachen Hotelzimmer versuchte sie vergeblich, bei Forbes Zeichen von Größe auszumachen, und erklärte schließlich: »Viele waren von Ihnen enttäuscht, nicht wahr? Sie sehen ja aus wie eine ganz gewöhnliche Frau.«[52]

Viel geschrieben wurde auch über Freya Stark, eine weitere ganz normal aussehende Frau auf Reisen. Wie Forbes wurde sie mit Spott bedacht, vor allem aufgrund ihres kapriziösen Auftretens. Wegen einer (ernsten?) Erkrankung wurde sie einmal in einer kostspieligen Rettungsaktion von der Royal Air Force aus dem abgelegenen Hadramaut im Süden der Arabischen Halbinsel ausgeflogen. Ein anderes Mal eskortierte man sie unehrenhaft an die persische Grenze, nachdem man sie bei der Suche nach Altertümern erwischt hatte. Dazu kam ihre Heirat mit einem bekannten Homosexuellen. Doch ihre 24 Bücher mit Briefen und abenteuerlichen Reiseberichten verdienen durchaus Beachtung.

Stark wurde als Tochter englischer Eltern in Paris geboren und hatte ihre Kindheit teils in Italien, teils in England verbracht – unterbrochen von gelegentlichen Besuchen bei ihrem Vater in Kanada. Sie kam zu dem Schluss, dass Reisen für sie »Flucht« sei. Pflichten, die die meisten Menschen erfüllen mussten, tat sie mit einem Achselzucken ab, denn sie war, wie man ihr sagte, »von Natur aus ungestüm«. Ihre erste Orientreise unternahm sie 1927 mit ihrer Freundin Venetia Buddicom; die beiden Frauen zogen, im Wesentlichen auf den Spuren von Gertrude Bell,

Freya Stark in arabischer Kleidung, 1928. Stark 1928, mit Erlaubnis von John Murray

von Damaskus nach Jerusalem. Doch ihre Erlebnisse in Bagdad 1929 machten Stark klar, dass ihr Mut, früher ihr großer Aktivposten, bei der Ausländergemeinde, die sich mittlerweile dort eingerichtet hatte, unerwünscht war.[53]

Stark war in der Absicht nach Bagdad gekommen, ihr Arabisch zu vervollkommnen. Um ganz in die Sprache einzutauchen – und um Geld zu sparen –, ließ sie sich im »Einheimischenviertel« nieder und rief damit bei den Briten sofort lautstarke Empörung hervor: Sie habe damit ihren Ruf besudelt und das »nationale Prestige« beschädigt. Schließlich musste sie einsehen, dass sie nicht in dem faszinierenden, abgelegenen Land ihrer Träume gelandet war, sondern mitten in der Gesellschaft, der sie eigentlich hatte entfliehen wollen. In dieser von vielen Landsleuten bevölkerten Stadt galt eine Engländerin nur etwas als Anhängsel ihres Mannes oder Vaters. Und »dieser doppelte Verlust der Individualität für die Hälfte der Menschheit traf mich wie ein Schock«[54].

Im Britischen Club, wo sie hätte wohnen sollen, waren Araber nicht zugelassen – ein Verbot, das ihr schäbig erschien, denn wegen der Araber war sie schließlich nach Bagdad gekommen. Auf die Überheblichkeit ihrer Landsleute war sie nicht vorbereitet gewesen: »Ein halbes Dutzend Frauen erklärten mir sehr bestimmt, dass sie schon seit einer (unterschiedlichen) Anzahl von Jahren im Irak lebten und noch nie einen ›Eingeborenen‹ über ihre Schwelle gelassen hätten.« Bei allen Zugeständnissen war Stark jedoch zu unabhängig, um sich ganz zu unterwerfen. Schließlich pflegte sie Umgang mit den aufgeschlosseneren unter den Damen aus England.[55]

Für ihre beiden Persienreisen 1930 und 1932 erhielt Freya Stark Auszeichnungen von der Royal Geographic Society und der Royal Asiatic Society. Einige, darunter ihre Biografin Molly Izzard, schrieben die Ehrungen allerdings eher Starks Fähigkeit zu, sich ins rechte Licht zu setzen, als dem eigentlichen Wert der Reisen. Stark selbst meinte, »eine Frau bekommt weitaus mehr Lob, als ihr zusteht, allein deshalb, weil sie in der Welt der Erkundungsreisen so selten ist«[56].

Ich war hocherfreut zu hören, dass man mir den Jüngling allerorts abgenommen hat. Ich wusste erst nicht, was ich anziehen sollte, aber jetzt gefällt mir die Lösung so gut, dass ich mich immer so kleiden werde, wenn ich fremde Regionen erkunde. Isabel Burton, 1875

Frauen in Reithosen
GEGEN SITTE UND ANSTAND

ISABEL BURTON ersetzte, als sich die meisten Ladys noch mit voluminösen Roben abplagten, ihr europäisches Reisekostüm durch praktische, bequeme Kleidungsstücke. Galten Erstere schon unter normalen Umständen als kompliziert, wurden sie im Orient zu wahren Verkehrshindernissen: Rocksäume schleiften über den Boden, Turnüren und Krinolinen verdammten zur Bewegungslosigkeit, und Korsetts machten die Hitze unerträglich. Außerdem beleidigten die unverhüllten Gesichter und die herausmodellierten Rundungen über den geschnürten Taillen natürlich die Gefühle der Muslime.

Die europäische Globetrotterin war in aller Regel modisch, elegant – und total unpraktisch – gekleidet. Die einzige Alternative zu diesem Kostüm versetzte sie jedoch in panische Angst: War es nicht anstößig, im praktischen Hosenrock zu reiten? War eine Frau, die in Schaftstiefeln durch die Gegend spazierte, noch feminin zu nennen? Doch wenn sie diese Ängste nicht überwand, hatte sie eine strapaziöse Zeit vor sich.

Die Kleiderfrage im Orient fand sogar Eingang in wissenschaftliche Debatten. Männlichen Europäern wurde unterstellt, sie verkleideten sich als »Eingeborene«, um sich zwecks Eroberung bestimmter Volksgruppen in diese einzuschleichen. Auf der anderen Seite gab es auch Befürworter, die

Jane Dieulafoy: »Zwei Tage Unwetter in einem arabischen Zelt«. Stich von Myrbach nach einem Foto, in: Dieulafoy, in: Tour du monde 55, 1887, 25

Engländer im Afghanenkostüm auf einem Kostümball, um 1890. Der Orient war im 19. und noch bis ins 20. Jahrhundert hinein ein beliebtes Thema bei Kostümbällen.
Fotograf unbekannt

ihnen großen Respekt vor den Sitten und Gebräuchen des Gastlandes bescheinigten.

Mitte des 19. Jahrhunderts sprachen drei Gründe für das orientalische Gewand: Erstens wurde man so als Europäer eher akzeptiert; es entsprach dem Orientalen, der in europäischer Kleidung über die Champs-Élysées oder die Oxford Street spazierte. Zweitens war europäische Kleidung im Osmanischen Reich hin und wieder verboten und sogar mit Enthauptung bestraft worden – so z. B. unter Murad IV. (1623-1640), Abd Al Hamid I. (1774-1788) und Salim III. (1788-1807). Und drittens galt die orientalische Tracht aus Gründen des Klimas auch für Europäer als angemessener.[1]

Die meisten Frauen passten ihr Reisekostüm den Umständen an, waren aber nicht sonderlich glücklich damit. In einem Anflug von Selbstironie bezeichnete Amelia Edwards sich selbst und ihre Gefährtin Lucy als »Trauergestalten mit grässlichen Hüten aus Palmenblättern, grünen Schleiern und weißen Sonnenschirmen«. Edwards' sonderbares Outfit aber entsprach voll und ganz dem als ideal geltenden tropischen Reiseanzug. Emily Beaufort appellierte mit Nachdruck an die Pyramidenbesteigerinnen in spe, ihre Krinoline in Kairo zu lassen, schloss aber lapidar, dass die Ladys ja wahrscheinlich doch nicht aus ihren englischen Kleidern herausfinden würden.[2]

Frauen mit mehr Verstand als Modebewusstsein passten ihr Kostüm wenigstens teilweise der Landestracht an oder entschie-

Touristen in Jerusalem, 1860–1890. Abdruck mit frdl. Gen. der Library of Congress, LC-USZ62-104825

den sich gleich für Männergarderobe. Sie genossen diese bequemen Kleidungsstücke, die ihren Bewegungsradius vergrößerten, und diese Freiheit sollte sie prägen und ihr Selbstverständnis verändern.

Im Gewand der Orientalin

Nimm stets die Farbe der Menschen an, mit denen du dich in einem Raum aufhältst. Persisches Sprichwort, zitiert nach Ella Sykes, 1901[3]

Im 19. Jahrhundert richtete sich die Bekleidung der Orientalin nach dem Anlass und der örtlichen Sitte. In aller Regel trug sie jedoch eine weite, lange Hose und darüber eine Robe mit langen Ärmeln, die unter einem Umhang verschwand. Hinzu kamen Kopfschmuck und Schleier. Leicht abgewandelt, hat diese

»Syrische Frauen in Latakia«. Rechts eine Wasserpfeife (nargileh) rauchende Frau mit jaschmak und feridjee.
E. Zier, in: Lortet, in: *Tour du monde* 39, 1880, 167

Kombination im Großen und Ganzen bis heute überdauert. Kopfbedeckungen gibt es in allen Variationen, angefangen beim *hejab*, der nur den Kopf bedeckt, bis hin zum persischen *tschador*, der die Frau vom Scheitel bis zur Sohle verhüllt. Bis in die 1880er Jahre hinein krönte ein turmartiges Metallgebilde, *tantur* genannt, das Haupt der verheirate-

Im Gewand der Orientalin

Lady Mary Wortley Montagu im Türkengewand.
Stich nach W. Greatbatch, in: Montagu 1837, Bd. 1, Frontispiz

ten Drusin im Libanon. Türkeibesucherinnen erwähnten den *jaschmak*, einen kleidsamen weißen Gazeschleier, sowie einen *feridjee* genannten unförmigen Überwurf, der den ganzen Körper verdeckt.

Christinnen und Jüdinnen, die in der Stadt oft ähnlich gekleidet waren, gingen nur verschleiert aus ihren Häusern. Frauen, die Feldarbeit leisteten, unterlagen demgegenüber keinen besonderen Kleidungsvorschriften und legten nur selten den Schleier an.

Lady Mary Wortley Montagu genoss ihre korsettfreien türkischen Gewänder. Ein Ensemble in Weiß und Gold bestand aus einer weiten Hose aus blumenbesticktem Damast, Bockslederschuhen, einem Hemd aus weißseidener Gaze, einer eng anliegenden Unterjacke aus golddurchwirktem Damast, einem Kaftan, den sie mit einem reich bestickten Gürtel zusammenhielt, und einer weiten Robe darüber. Von der Kappe auf ihrem Haupt baumelte eine goldene Quaste an einem Band. Um ungeniert herumgehen zu können und »um eine Leidenschaft zu befriedigen, die bei mir so mächtig geworden ist: meine Neugierde«, trug Montagu den türkischen *jaschmak*. Nach zeitgenössischen Kriterien galt ihre Kleidung als schlicht, und sie fühlte sich darin so feminin und so frei wie die türkischen Frauen, die sie für »vielleicht freier als alle übrigen des Erdbodens« hielt.[4]

Gegen Ende des 18. Jahrhunderts passten Europäerinnen ihre Kleidung in der Stadt den lokalen Sitten an. Bei einem Zwischenstopp in Kairo 1779 trug Eliza Fay Hosen, Stiefel, ein gegürtetes Satingewand, darüber ein Kleid mit kurzen Ärmeln; ihre Haare verbarg sie unter einem Tuch aus Musselin, das sie mit einer seidenen Robe und einem Schleier abdeckte, und darüber kam noch ein Überwurf aus schwarzer Seide. Für die 23-jährige

Fay war es »eine schreckliche Mode, zumal für eine Frau, die wie ich das Atmen als lebenswichtig erachtet«. Aber sie wollte die Stadt besichtigen und schickte sich in ihr Los.[5]

Mary Elgin lebte von 1799 bis 1802 in Konstantinopel. Ihrem Ehemann, dem Botschafter Lord Thomas Bruce Elgin, zu Gefallen kleidete sie sich in ein prachtvolles türkisches Kostüm. An ihre Mutter schrieb sie: »Die Frauen sagten mir, ich sähe darin der Favoritin des Sultans zum Verwechseln ähnlich. ... Als ich wiederkam, scharten sie sich um mich und wollten wissen, was E[lgin] darüber dachte.«[6]

Der Dichter und Diplomat Alphonse de Lamartine reiste von 1832 bis 1833 durch Syrien. Seine englische Gattin, Marianne-Elisa, geb. Miss Birch, begleitete ihn. Nachdem diese sich »in die Tracht der arabischen Frauen« gekleidet hatte, wobei »ein langer weißer Schleier sie von Kopf bis Fuß verhüllte«, ließen sie sich vorsichtshalber inkognito in Damaskus einschleusen. Mit diesem vielversprechenden Auftakt war der dramatische Höhepunkt ihrer Reise allerdings auch schon erreicht, denn sie verbrachte ihre Tage auf dem Zimmer, während Alphonse mit ihrem Gastgeber, M. Baudin, um die Häuser zog und viele Armenierinnen kennen lernte. Er bekannte: »Ich konnte meine Blicke von diesen reizenden Frauen nicht losreißen.« Man kann ihn sich gut dabei vorstellen, wie er die Schönheit dieser Frauen seiner Ehefrau gegenüber in den lebhaftesten Farben ausgemalt hat.[7]

Während ihres Orientaufenthaltes starb ihre kleine Tochter Julia. In seiner tiefen Trauer brachte Lamartine vier Monate lang keinen Strich zu Papier. Als er dann sein Tagebuch wieder aufnahm, schrieb er über Julia: »... ihre Mutter flocht ihre langen blonden Locken nach Art der Frauen von Bayruth und wand ihr ihren Shawl als Turban um den Kopf. Ich habe unter allen Frauengesichtern, welche sich meinem Gedächtnisse eingeprägt haben, nichts Hinreißenderes gesehen als das Antlitz Julias unter dem Turban von Aleppo.«[8]

Der schottische Maler Sir David Wilkie reiste 1840 nach Syrien und in die Türkei. Aus dieser Zeit stammen mehrere Zeichnungen von Mrs Moore,

»Mrs Moore, Ehegattin des britischen Konsuls in Beirut, in arabischer Kleidung«, 1841. Wilkie 1843, Bild 13

der Gattin des Konsuls in Beirut, und von Mme Josephine, einer populären Gastwirtin in Konstantinopel, beide in orientalischen Gewändern. Wie sie sich darin fühlten, ist leider nicht bekannt.

Harriet Martineau, die ägyptische Kleidung ablehnte, zog ständig die Blicke der Einheimischen auf sich. »Es war nichts Rohes oder Aggressives daran«, hielt sie ihnen zugute. »Mir war allerdings nicht sehr wohl bei der Sache, wusste ich doch, dass eine Frau, die sich unverschleiert in der Öffentlichkeit zeigt, gegen die guten Sitten verstößt.« Dennoch forderte sie ihre Geschlechtsgenossinnen auf, zur eigenen Kultur zu stehen und ihrem Beispiel zu folgen. Aber die verschmutzten Rocksäume waren auch ihr nicht entgangen.[9]

Anders als die Nilexkursion, die Martineau von 1846 bis 1847 unternahm, gehörte eine Expedition in die syrische Wüstenstadt Palmyra nicht zum Pflichtprogramm der Orientreisenden. Jane Digby und ihre Kammerzofe Eugénie trugen auf dieser Strecke, die 1853 als berüchtigt galt, deshalb sicherheitshalber Beduinenkleidung. Nach der Heirat mit Medjuel al-Mezrab pflegte Digby sich für ihre Wüstenstreifzüge als Beduinin zu verkleiden. In ihrem Haus in Damaskus trug sie ein schlichtes Hemd, und wenn Herrenbesuch angesagt war, verdeckte sie Mund und Nase. Ihre von Natur aus hellbraunen Haare waren schwarz gefärbt und zu Zöpfen geflochten. Isabel Burton schrieb: »[Digby] pflegte einen halb europäischen Lebensstil. Sie hatte schwarz umrandete Augen und führte ein sonderbar ungeregeltes Leben. Aber ansonsten war an ihr nichts Außergewöhnliches zu entdecken.«[10]

In Damaskus besaß Isabel Burton verschiedene orientalische Kostüme. Für ihre Stadtgänge bevorzugte sie ein Einschlagtuch, »den *izar*, um mich in den Basaren unerkannt unter die Einheimischen zu mischen. Er verhüllt den ganzen Körper, von Kopf bis Fuß, wie ein Leichenhemd, und lässt nur das Gesicht frei.« Ihre Gänge in den Hammam absolvierte sie in Baumwollhosen, die weit geschnitten und an den Knöcheln gerafft waren; darüber trug sie ein knielanges, hochgeschlossenes Kleid, das in der Taille von einem Gürtel gehalten wurde und locker am Körper

Wie ein Mann gekleidet

herabfiel. Gelbe Pantoffeln, ein Turban, Geschmeide, ein langer weißer Spitzenschleier über der Stirn und ein zweiter Schleier, der ihr hinten über den Rücken fiel, vervollständigten ihr Outfit.[11]

In ihrem Werk *The Inner Life of Syria* befasste sich Burton schwerpunktmäßig mit den Kleidungsgewohnheiten; möglicherweise versprach sie sich davon größere Publikumswirksamkeit als von ihrem anderen Sujet – ihrem Ehemann Richard.

WIE EIN MANN GEKLEIDET

Sie beneiden uns, weil wir Männerkleidung tragen und unseren Ehemännern wie Waffenbrüder folgen.
Isabel Burton, 1875[12]

Jane Dieulafoy in Persien.
Stich nach Émile Bayard, in: Dieulafoy, in: Tour du monde 44, 1883, 137

Während die Hose für die moderne Frau ein alltägliches Kleidungsstück ist, galt eine Hosenträgerin früher bei ihren Zeitgenossen als Provokation. Bis 1856 war sogar die Unterhose Männern, Lesben und Künstlerinnen vorbehalten gewesen.

Zwischen 1789 und 1909 verletzte eine hosentragende Französin sogar das bestehende Recht! In den 1830er Jahren machten sich die Saint-Simonistinnen zur Zielscheibe des Spotts, weil ihre Hosen unter dem Rocksaum hervorlugten. Fünfzig Jahre später brauchte die Archäologin Jane Dieulafoy eine amtliche

GEGEN SITTE UND ANSTAND

Die französische Schauspielerin Rachel als Roxane in der Haremstragödie Bajazet *von Racine, um 1838*. Stich nach Achille Devéria, in: Gauthier 1925

permission de travestissement, um in Hosen durch Persien zu reisen. Aber auch in Paris mochte sie es bequem: Laut der Londoner *Times* trug sie Hosen, als sie 1889 den Schah durch den Louvre führte.[13]

Britische Sittenwächter zwangen die Ladys wieder in ihre Röcke. Was die Saint-Simonistinnen für die französische Presse, waren Elizabeth Cady Stanton und Amelia Bloomer für die amerikanischen und britischen Journalisten, als sie 1850/51 nach dem Vorbild der hosentragenden Amerikanerin Elizabeth Smith Miller ihre *bloomers* lancierten. Da diese »Türkenhose« jedoch offenbar mehr Aufmerksamkeit erregte als die feministische Idee selbst, verebbte die Begeisterung bald wieder. Über vierzig Jahre sollten vergehen, bis die *bloomers* als Outfit der fortschrittlichen Radlerin ihr Comeback feierten.

Frauen verweigerten sich der Hose aus zweierlei Gründen: Erstens hatten sie von frühester Kindheit an gelernt, die Konturen ihrer Beine zu verstecken, und zweitens fürchteten sie den geballten Zorn der Geschlechter, wenn sie sich dieses Symbols der Männlichkeit bemächtigten. Doch einmal im Orient, schockierten die Frauen damit nur noch wenige Landsleute. Bis Mitte des 19. Jahrhunderts war allein der Gedanke, eine Frau könne sich als Mann verkleiden, derart abwegig, dass die wenigen Frauen, die es dennoch taten, damit durchaus erfolgreich waren. Selbst wenn ein orientalischer Mann das Spiel durchschaut hätte – das Geschlecht einer Dame in Zweifel zu ziehen wäre eine grobe Unhöflichkeit gewesen.

Mary Elgin war hoch erfreut, ihren Ehemann zu den Audienzen beim türkischen Großwesir und beim Sultan begleiten zu dürfen, war es doch jedem Gast gestattet, beim Abschied einen Pelz als Geschenk mitzunehmen. Noch mehr allerdings begeisterte sie die Idee, dass sie dafür Männerkleidung anlegen musste. Sie trug ein Reitkostüm, einen Herrenmantel mit Schulterklappen und einen runden Filzhut. Zu einer anderen Audienz erschien sie mit Fes, Pantalons und roten Pantoffeln. Ihre Kammerzofe Masterman war ähnlich gekleidet.

Während Elgins Auftritte nicht durch Abbildungen dokumentiert zu sein scheinen, finden sich in den *Memoirs* und den *Travels of Lady Hester Stanhope* einige Porträts zweifelhafter Herkunft von Lady Hester. Verfasser dieser Werke war Stanhopes Leibarzt Charles Meryon, der ihren Aufzug im Detail beschrieb:

Neben ihren Festgewändern hatte Lady Hester in Kairo ein Reisekostüm im Stil der Mamelucken (Mamlucken)★ erworben. Es bestand aus einer hüftlangen Weste aus Satin mit langen, bis zum Ellbogen geschlitzten Ärmeln, die am Oberkörper zusammengeführt und auf der Höhe von Kragen und Taille jeweils mit einem Knopf geschlossen wurde. Darüber zog sie eine rote Tuchjacke, eng anliegend wie ein Spencer, die mit kurzen Ärmeln versehen und mit goldener Spitze besetzt war. Die aus dem gleichen Stoff geschneiderte Hose hatte vorne wie auf der Rückseite reich mit Goldstickerei verzierte Taschen. Sie war im türkischen Stil weit und bequem geschnitten, reich plissiert und fiel weich und schwer an ihrem Körper herab. Für den Ausritt bedeckte sie das Ganze mit einem weißen Kapuzenumhang, Burnus genannt, dessen an Quasten befestigte Bänder und schimmernder Seidenglanz ihrer Erscheinung etwas Majestätisches verliehen. Ihr Turban bestand aus einem Kaschmirschal, locker und weich gewunden nach Art der Mamelucken, die besonders schmeichelnd ist.

In aller Regel hielt man sie in dieser Verkleidung für einen noch bartlosen Boy, was die Engländer in der Levante zutiefst missbilligten.[14]

★ Die Mamelucken waren eine Kriegerkaste, die in Ägypten großen Einfluss genoss, bis Mehmed Ali 1811 etliche ihrer Mitglieder ermorden ließ.

Stanhope selbst schrieb: »Ich mochte Ägypten sehr, trotz der engen Gassen, der üblen Gerüche und der bösen Blicke. Hätte ich Frauenkleider getragen, hätte ich dieses Land nie lieben können, denn ich hätte nichts davon gesehen.«★[15]

Als Lady Belmore 1817 nach Ägypten aufbrach, riet Stanhope ihr, einen Schleier anzulegen, damit man ihr »die Achtung erweist, die der Frau eines hoch stehenden Paschas gebührt, empfinden doch die Türken in Syrien einen unsäglichen *Abscheu* vor der Tracht der Europäerinnen«. Auch ihre Zofen Anne Fry und Elizabeth Williams★★ ließ Stanhope nur in Beduinenkleidern reisen, und für Stadt- oder Dorfbesuche kleideten sie sich wie die einheimischen Frauen.[16]

Mrs Frys Auftritte in Männerkleidung tat Meryon als total missglückt ab. »In ihrem ungewohnten Aufzug … drohte sie ständig vom Esel zu rutschen, auf dem sie hartnäckig versuchte, ihre englische Schicklichkeit zu wahren: In einem Land, das keinen Damensattel kennt und in dem die Frau im Herrensitz zu reiten pflegt, hätte sie besser daran getan, der Sitte des Landes zu folgen.«[17]

Ihren eigenen Modestil zu verbreiten war aber anscheinend nicht Lady Hesters Art. Der Historiker Henri d'Allemagne jedenfalls berichtete von einer Gruppe Saint-Simonistinnen, die Stanhope 1836 in orientalischer Männerkleidung die Aufwartung machen wollten, darunter Clorinde Rogé. Eine Dienerin fing sie an der Tür ab und entschuldigte sich mit dem Hinweis, Lady Stanhope dulde es nicht, dass eine Frau in Männerkleidung über ihre Schwelle trete.[18]

Die Saint-Simonistin Suzanne Voilquin trat 1835 ihren Dienst als Krankenschwester in einem Kairoer Krankenhaus in ägypti-

---

★ Isabelle Eberhardt, die hundert Jahre später durch Algerien reiste, meinte: »Im korrekten Kleid eines jungen europäischen Mädchens hätte ich nie etwas gesehen, die Welt wäre mir verschlossen geblieben, denn das Außenleben scheint für den Mann und nicht für die Frau gemacht zu sein.«[19]

★★ Anne (oder Ann) Fry verließ Stanhope etwa 1814. Ihre Ausländerfeindlichkeit ging so weit, dass sie Namen wie Philippaki oder Mustapha zu Philip Parker oder Mr Farr anglisierte. Williams hatte schon in England bei Stanhope im Dienst gestanden und reiste ihrer Herrin 1816 nach.[20]

scher Tracht an. In ihrer von einem breiten Gürtel zusammengehaltenen Pluderhose, über die sie Stiefel gezogen hatte, einer kurzen Jacke und einem weißen wollenen Burnus sah sie wie ein Grandseigneur aus. Ein Fes bedeckte ihren Kopf, und in ihrem Gurt steckte ein Säbel. Immerhin ermöglichte ihr diese Maskerade, sich ihren Unterhalt zu verdienen.[21]

Als Emily Beaufort zusammen mit ihrer Schwester 1859 Syrien erkundete, wies sie den Gedanken an Männerkleidung zwar entschieden von sich, wählte dann aber doch den arabischen Burnus. Sie rechtfertigte ihren Entschluss mit potenziellen Banditen und trug auch eine Waffe. Wie Beaufort bekannte, war »das Amüsante daran, dass wir allesamt mit Pistolen und Revolvern ausgerüstet waren, aber niemand von uns, auch der Dragoman nicht, auf die Idee kam, sie vor dem Aufbruch in Damaskus nachzuladen«[22].

Für ihre Exkursionen über Land trug Isabel Burton ein Reitkostüm, das sie als »sehr vernünftigen Kompromiss zwischen männlicher und weiblicher Tracht« ansah. Sie steckte einen Revolver und ein Messer in ihren ledernen Gurt, bedeckte ihr Haupt mit einem Fes und drapierte das Ganze mit einem Kefije-Tuch. In dieser Vermummung konnte sie »all die Orte betreten, die zu sehen Frauen als nicht würdig erachtet werden, und dieselbe Achtung und Wertschätzung erfahren, die man dem Sohn eines hohen Würdenträgers gezollt hätte«[23].

Burton (eher stämmig und fast vierzig Jahre alt) hoffte als Richards Sohn durchzugehen und pries die Vorzüge dieses Reisekostüms, denn »der unzivilisierte Mensch der Wildnis würde, obwohl er sich nichts anmerken ließe, keine Achtung vor einer unverschleierten Christin haben«. Sie bestätigte, dass Europäerinnen zum städtischen Alltag gehörten, dass man sie aber »wohl lieber auf Abstand zu den Männern bei den Tieren und den Gepäckstücken untergebracht hätte«. Solche Beobachtungen konnten ihren Kampfgeist nur noch mehr anstacheln.[24]

Für ihre Haremsbesuche in Damaskus kleidete Burton sich gewöhnlich wie eine Orientalin. Hin und wieder kreuzte sie jedoch im Reitanzug auf und brachte damit den ganzen Harem

Anne und Wilfrid Blunt. Stich nach G. Vuillier, in: Blunt, in: *Tour du monde* 43, 1882, 9

in Aufruhr. Ihr Mann bot ihr an, ihr neue Kleider zu kaufen. »Versuche dir doch bitte vorzustellen, wie ich mit einem blauen, rosenbestickten, dekolletierten Kleid im tiefsten Antilibanon die Armen pflegen und auf die Jagd gehen soll«, beschwor sie ihn daraufhin.[25]

Auf dem Weg nach Palmyra wurde Burton einmal von Dorfbewohnerinnen beim Ankleiden beobachtet: »Ich erblickte fünfzig Paar Augen, die durch fünfzig Risse und Spalten an Fenstern und Türen auf mich gerichtet waren. Dass ich Reithosen anzog, schien sie köstlich zu amüsieren, und als dann mein Leinenhemd an der Reihe war, das ich unter meinem Reitkostüm trug, da erscholl lautes Gelächter.«[26]

Als Anne Blunt mit ihrem Ehemann Wilfrid die Wüsten Syriens und Arabiens durchquerte, kleidete sie sich nach Art der Beduinen: Sie trug eine Robe über ihrem englischen Mantel und auf dem Kopf eine Kefije. Aus ihrem Bericht über die Nadschd-Expedition 1879 geht hervor, dass sie damit niemanden zu täuschen beabsichtigte, sondern nur möglichst wenig auffallen wollte. Später in Kairo verzichtete Blunt ganz auf ihre englischen Kleidungsstücke. Als sie Gertrude Bell einmal dort besuchte, trug sie das vollständige Beduinenornat.[27]

Als Isabella Bird 1890 in den Irak kam, war dort noch alles beim Alten. Im Basar von Kut el-Imara wurde ihr Angst und

Wie ein Mann gekleidet

Rosita Forbes vor und nach Anlegen ihres Reisekostüms für die Wüste.
Forbes 1921, 23

Bange, als »die Menschenmenge mich bedrängte und an meinen Kleidern herumzupfte, während sie einzelne Wörter skandierte, die gewiss nicht schmeichelhaft für mich waren. Ohne es zu wollen, hatte ich gegen ihr strenges Kleidungsgesetz verstoßen, weil ich keinen *chadar* [sic] trug und mein Gesicht nicht mit einem Tuch verhüllt, sondern stattdessen eine Haube mit Gazeschleier gewählt hatte …«[28]

Seit ihren Expeditionen in Hawaii und Nordamerika pflegte Bird unter ihrem Reitkostüm *bloomers* zu tragen. Für den klirrend kalten persischen Winter war sie noch besser verpackt:

Über mein Reitkostüm aus Flanell, das mit dickem Baumwolldrell gefüttert war, zog ich eine lange Überjacke aus grobem Drell, einen Afghanen-Mantel aus Schaffell, einen schweren Pelz, der die Knie bedeckte, und einen zünftigen, wind- und wasserfesten Schutzmantel in der Standardausführung. Wer sich jetzt noch einen Korkhelm hinzudenkt, einen Südwester, eine »Sechsfachmaske« vor dem Gesicht, zwei Paar wollene Fäustlinge und ein weiteres Paar Überhandschuhe, wird unschwer verstehen, dass man in dieser *Vermummung* nicht so ohne weiteres in den Sattel steigen oder wieder herunterkommen kann![29]

Gertrude Bell, Globetrotterin des 20. Jahrhunderts, nahm nur minimale Anpassungen ihres Reisekostüms vor. Ein weicher Turban schützte sie vor der Sonne, und sie ritt im Hosenrock. Obwohl sie unter extremen Bedingungen reiste, legte sie doch Wert auf eine standesgemäße äußere Erscheinung, die sie als beste Schutz- und Komfortgarantie in der Fremde erachtete, »denn eine Frau kann nie ganz sich selbst verleugnen«[30].

Freya Stark wurde von dem Forscher Wilfred Thesiger unter Beschuss genommen, weil sie sich als Araber verkleidete. Thesiger, der für das Kleiderproblem reisender Frauen kein Verständnis hatte, soll gesagt haben: »Da steht sie nun, ausgestattet wie ein Mann, mit Säbel, Patronengürtel, Jagdgewehr und allem Drum und Dran – und was will sie damit erreichen? Wenn sie schon unbedingt arabische Kleidung tragen muss, kann sie doch Frauenkleider anziehen, anstatt uns den Mann oder den Boy vorzumachen und sich durch ihre bloße Erscheinung selbst zu verraten.«[31]

Kaum eine Frau war so naiv zu glauben, sie könne sich in ihrer bequemen Reisetracht auch daheim unter die Leute begeben. Jane Dieulafoy, die noch in Paris mit Hosen in der Öffentlichkeit erschien, machte damit mehr Schlagzeilen als mit ihren beruflichen Meriten.

Parallel zur weiblichen Reiselust entdeckten Frauen im 19. Jahrhundert ihre Freude an sportlichen Aktivitäten wie Bergsteigen, Wandern, Jagen, Tennis, Golf und Radfahren. Die Kleidermode wurde entsprechend angepasst, und bereits in den 1860er Jahren wurde die Klage laut, dass sich all diese tüchtigen Mädels in ihren relativ kurzen Reitkleidern und maskulinen Jacken in Burschen verwandelt hätten.[32]

Der unvermeidliche Rückschritt kam in den 1870er Jahren mit den enormen Turnüren, gefolgt von der Mode der schmalen Humpelröcke, die bis in die 1880er Jahre andauerte, und in den 1890ern feierte die geschnürte Taille ihr Comeback. Vor der Freigabe der Hosenmode in den 1920er Jahren hätte sich keine normale Frau in diesem Kleidungsstück unters Volk gewagt, und selbst später eckte sie damit noch an.

EINE REBELLIN
Lady Hester Stanhope (1776-1839)

Nach einer unkonventionellen Erziehung lebte die reiche Aristokratin Lady Hester Stanhope bei ihrem Onkel, dem britischen Premierminister William Pitt, bevor sie England in Richtung Osten verließ. Seelisch stark mitgenommen durch den Verlust ihres Onkels (1806) und den Tod ihres mutmaßlichen Verlobten Sir John Moore, schiffte sich die 34-Jährige, die nun mit einer dürftigen Rente von 1200 Pfund auskommen musste, im Februar 1810 nach Gibraltar ein. Ihr Bruder

Lady Hester Stanhope ließ sich offenbar nie porträtieren. Bildnisse von ihr sind daher stets zweifelhafter Herkunft. R. J. Hamerton (zugeschrieben), in: Hamel 1913, Frontispiz

James, ihre Kammerzofe Elizabeth Williams und Dr. Charles Meryon, ihr Leibarzt und Alibimann, begleiteten sie. Meryons Berichten verdanken wir, dass wir so viel über ihr Leben im Orient wissen.

In Gibraltar lernte Stanhope den 21-jährigen Michael Bruce kennen. In Malta wurden die beiden ein Paar und reisten gemeinsam nach Konstantinopel weiter. Miss Williams, die in Malta zu bleiben wünschte, wurde durch Mrs Anne Fry ersetzt. Stanhope verbrachte, um die Umgebung zu erkunden, acht Monate in Konstantinopel. Für einen Empfang an Bord des türkischen Dampfschiffs *Sultan Selim* erschien sie in Männerkleidung. Eskapaden dieser Art und ihre Liebschaft mit Bruce brachten sie bei Botschafter Stratford Canning, mit dem sie sich angefreundet hatte, in Misskredit.

Im Oktober 1811 verließ Stanhope mit ihrer Entourage Ägypten. Vor Rhodos sank das Schiff, und sie verlor ihre gesamte Habe. Fortan legte sie türkische Männerkleidung an, die sie ihren Bedürfnissen anpasste. Im Januar 1812 traf sie in Alexandria ein, dann ging es weiter nach Kairo, wo sie mit ihrem aristokratischen Gebaren und der extravaganten tunesischen Kleidung den Vizekönig Mehmed Ali bezirzte.★[33]

Danach schiffte sie sich nach Jaffa ein und erkundete das Heilige Land. Stanhope wagte sich unverschleiert nach Damaskus, wo ihre Prozession die Neugier einer Menschenmenge erregte, die sich allen Vorurteilen zum Trotz als friedfertig erwies. Nach Stanhopes eigenen Worten war dies ein großer Triumph, und nicht ihr geringster.[34]

In ihrem Quartier neben der Umayyaden-Moschee im türkischen Viertel bereitete Stanhope ihre Expedition nach Palmyra vor; seit römischer Zeit hatte keine Europäerin die Stadt Zenobias mehr betreten.[35] Eskortiert wurde die Karawane von

---

★ Meryon schätzte ihren Kaschmirturban und ihren Gürtel auf je fünfzig, die goldbestickten Pantalons auf vierzig, die Weste und den Pelz zusammen auf fünfzig Pfund. Stanhopes Säbel, Sattel und sonstiges Zubehör dürften weitere 155 Pfund wert gewesen sein. Insgesamt kam er auf 345 Pfund, die im Jahr 2002 etwa 11 700 Pfund (rund 18 500 Euro) entsprachen.

Scheich Mahannah al-Fadel vom Stamm der Anaza-Beduinen. Am 20. März 1813 brachen Stanhope und Mrs Fry in Beduinengewändern mit Bruce, Meryon, Dragomanen, Kammerdienern, Pagen, Reitknechten und Eskorten zu einem Fünftageritt auf. Stanhope berichtet von vierzig Kamelen, Bruce von siebzig. Da ihr ihr Ruf bereits vorauszueilen schien, entschloss sie sich, unverschleiert zu reisen. Die Wüste vibrierte in Erwartung des hohen Besuchs, und als Stanhope feierlich wie eine Königin in Palmyra Einzug hielt, säumten jubelnde Menschen ihren Weg. Die Kunde von Stanhopes Ankunft in Palmyra verbreitete sich wie ein Lauffeuer durch die Wüste und bis nach England – nicht zuletzt der gewaltigen Kosten wegen; allein tausend Pfund gingen für Leibwächter, Kaffee, Tabakpfeifen und Geschenke drauf.★[36]

Kurz darauf kehrte Bruce nach England zurück, während Stanhope sich geschickt mit ihrem Gefolge zwischen Pest und Cholera über Latakia, Baalbek und Sidon bis zum Maronitenkloster Mar Antonius lavierte. Obwohl Frauen der Zutritt untersagt war, drang Stanhope auf ihrer Eselin bis in die Halle vor, wo sie für die aufgescheuchten Mönche ein Abendessen zubereiten ließ.

Nach einer Schatzsuche mit desaströsen Folgen in der Küstenstadt Askalon ließ Stanhope sich 1815 vorübergehend in Mar Elias nieder. Mrs Fry entschwand 1816 nach England, und im Januar 1817 brach auch Dr. Meryon seine Zelte ab. Lady Hester bezog daraufhin das verlassene Kloster Djoûn nahe Sidon, wo es mit ihrer ohnehin angegriffenen Gesundheit weiter bergab ging. Sie widmete sich der Wahrsagerei und prophezeite ihren Einzug an der Seite des Messias in Jerusalem, auf einem edlen Reitpferd aus eigener Zucht. Ihre Wanderschaft war vorbei, jetzt sollte die Welt zu ihr kommen.

Unter den europäischen, arabischen und osmanischen Gästen, die ihren Haushalt in Djoûn zeitweise aufblähten, gab es

---

★ Das entsprach 2002 fast 54 000 Euro. Meryon war mit einem Hundertstel davon ausgekommen.

Dr. Charles Meryon in arabischer Kleidung.
Hamel 1913, 241. Ursprünglich abgedruckt in: Meryon 1846, Bd. 3

auch eine Truppe von Albanern, die bei ihr Zuflucht vor dem Ägypter Mehmed Ali suchten. Der Vizekönig hatte mit Hilfe seines Sohnes Ibrahim Pascha in Syrien die Macht ergriffen. Aber selbst seine Autorität endete an der Haustür von Lady Hester. Ihre Einmischung in die örtlichen Angelegenheiten führte jedoch zu einer gefährlichen Rivalität mit dem drusischen Emir Beshir Shihab, ihrem früheren Verbündeten.

Miss Williams starb 1828 am Fieber. Stanhope bat Meryon, aus England zurückzukommen. Er hatte inzwischen geheiratet, und als er mit seiner Ehefrau in Djoûn eintraf, schrieb man bereits Dezember 1830. Nachdem er sich Nacht für Nacht geduldig Stanhopes endlose Litaneien von verlorenen Heilsbringern und kommenden Propheten angehört hatte, reiste er im Frühling wieder ab.

Obwohl am Rande der Armut, hielt Stanhope an ihrem exzentrischen Lebensstil fest, bis man ihr das Konto sperrte, um die Gläubiger zu befriedigen. Immer wieder hatte sie sich vorgenommen, Syrien zu verlassen. Und obwohl sie niemals nach England zurückkehren wollte, nahm sie regen Anteil am dortigen öffentlichen Geschehen und verfasste polemische Artikel.

1837 kehrte Meryon nochmals zurück, diesmal in Begleitung seiner Frau und seiner Tochter. 1839 ließ Stanhope ihr Haus mit einer Mauer umgeben. Sie starb am 23. Juni 1839. Der amerikanische Missionar William McLure Thomson, der sich um das Begräbnis kümmerte, würdigte ihren schillernden Charakter. Er erwarb einige Bücher aus ihrem Nachlass und ergötzte sich insbesondere an den Bemerkungen, die Stanhope an den Rand gekritzelt hatte.[37]

Stanhopes Gäste, darunter James Silk Buckingham, Alphonse de Lamartine, Fürst Hermann Pückler-Muskau und Alexander Kinglake, bestätigten Meryons Schilderungen im Großen und Ganzen. Dennoch ist eine gewisse Skepsis angebracht: Meryon war Stanhope in Bewunderung zugetan, hatte aber auch ihre ständigen Demütigungen und Beleidigungen hinnehmen müssen. So gesehen sind seine Lobeshymnen auf ihre majestätische Erscheinung und ihre vitale, starke Aura womöglich nicht ganz frei von Ironie. Ihre unablässigen Intrigenspiele rühmte er denn auch als das einzigartige Übungsfeld eines facettenreichen Intellekts. Dabei dachte er beispielsweise an einen Plan, den sie 1815 ersonnen hatte: Sie gedachte damals eine Hochschule für europäische, in Kunst und Wissenschaft kundige Männer ins Leben zu rufen, die mit ihren erhabenen Aktivitäten das Osmanische Reich beglücken sollten.

Verehrt wurde Stanhope für ihre Leistung, als erste Europäerin ihren Wohnsitz nach Palmyra verlegt zu haben. Wegen ihrer religiösen Prophezeiungen und ihres Rückzugs in ein verfallenes Kloster erklärte man sie für verrückt. Mit ihrer Aufrichtigkeit und ihrer Kampfansage gegen die Konvention aber verschaffte sie sich Respekt. Und solange ihr Geldhahn sprudelte, wurde sie regelrecht vergöttert.

»Warum arbeiten Sie? Sind Sie arm?« Diese Frage wurde 1881 in Persien an Jane Dieulafoy gerichtet.

Die Vielbeschäftigten
REISEN FÜR DIE WISSENSCHAFT

DER ORIENT zog zahlreiche gelehrte Frauen an, die dort allein oder in Begleitung unbedingt – unbezahlte – Arbeit leisten wollten. Jane Dieulafoy, Amelia Edwards, Anne Blunt und Gertrude Bell reisten im Dienste der Wissenschaft. Sie fotografierten, malten, züchteten Pferde oder engagierten sich in der Politik. Isabel Burton hatte auf Reisen ebenfalls immer viel zu tun, auch wenn sie nichts Eigenes schuf, sondern mit großer Hingabe die Karriere ihres Mannes förderte. Alle hier Genannten wurden von ihren männlichen Zeitgenossen nicht als »Blaustrümpfe« geschmäht, wie es Frauen, die intellektuelle oder literarische Höhenflüge wagten, ansonsten leicht erging.

IHRER ZEIT VORAUS

Freundinnen beschworen mich inbrünstig, doch zu Hause zu bleiben. Sie malten mir in den leuchtendsten Farben die schönsten Freuden aus: An einem Tag könnte ich Parfümseifen in die Schubladen legen, neue Marmeladen und Saucen erfinden, am nächsten den Oberbefehl im Kampf gegen die Fliegen übernehmen, Motten jagen und Socken stopfen. … Die Nachmittage wären den Predigten der Modepriester, dem Dienst in der Kathedrale und den zarten Unterhaltungen unter Frauen geweiht, bei denen sie sich, über Toiletten, Schwangerschaften und Stillen

Touristin auf dem Weg ins Museum in Bulak. Stich nach Wilhelm Gentz, in: Ebers 1883, Bd. 2, 48

Jane Dieulafoy, um 1886.
Dronsart 1894, 54

schwatzend, davon erholten, dass sie ihrem Liebsten die Kehle aufgeschlitzt hatten. Ich wusste all diesen Versuchungen zu widerstehen. Jane Dieulafoy, 1887[1]

Selbst nach heutigen Maßstäben war Dieulafoy in ihrem Äußeren, ihren Anschauungen und Aktivitäten höchst modern. Vergleicht man sie mit anderen verheirateten Frauen, die in diesem Buch vorgestellt werden, fällt auf, dass sie mit ihrem Ehemann Marcel eine praktisch gleichberechtigte Partnerschaft lebte. Zwischen 1881 und 1886 unternahmen die beiden drei Expeditionen nach Persien. Dank ihrer intensiven Vorbereitung – sie lernte Persisch, vertiefte sich in persische Geschichte und islamische Architektur – konnte Jane als Sachkundige an der Erforschung der Altertümer des Landes und den Ausgrabungen in Susa teilnehmen. Vita Sackville-West, die 1926 nach Persien fuhr, meinte bewundernd, »zu guter Letzt war nicht sie es, die ihren Ehemann begleitete, sondern er war es, der mit ihr ging«[2].

Während ihrer ersten Persienreise nahmen die Dieulafoys vom Schwarzen Meer bis zum Persischen Golf Ruinen in Augenschein. Jane konzentrierte sich aufs Fotografieren, machte Aufzeichnungen und kümmerte sich um die Zeltlagerorganisation. Sie trug Männerkleider und umging so die Regel, dass Frauen nicht in der Öffentlichkeit auftreten durften. Die zweite und die dritte Expedition führten die beiden nach Susa. Für ihr Werk erhielt Jane Dieulafoy den Orden der Ehrenlegion, doch dass sie sich so kleidete, wie es ihr gefiel, nahm man ihr übel.

Janes informative und fesselnde Berichte erschienen – mit Stichen nach ihren Fotos und Marcels Skizzen – in der französischen

Zeitschrift *Le Tour du monde* und fanden auch Eingang in ihr Buch *La Perse, la Chaldée et la Susiane*. Darin wartet die Schreiberin mit einigen amüsanten Überraschungen auf. So erfuhr sie einmal, als sie ein Feld von Gipswällen ausmachte, von ihrem Führer, hier seien sechs Banditen bei lebendigem Leib in Gruben gehängt worden, und anschließend habe man die Gruben langsam mit Gips gefüllt. »Sie missbilligen das?«, fragte der Führer, als er ihren entsetzten Gesichtsausdruck sah, und nickte dann. »Da haben Sie Recht. Solch eine Verschwendung von Gips!«[3]

Sackville-West berichtet auch von der Kindheitserinnerung einer Freundin. Diese durfte ihren Vater in Paris zu einer Abendgesellschaft begleiten, wo er sie auf eine Person hinwies, die gerade eintrat: »Ich schaute hinüber und sah einen kleinen, graumelierten, alten Gentleman in einer Hausjacke, in deren Knopfloch das Abzeichen der Ehrenlegion steckte. ›Das‹, sagte mein Vater, ›ist Madame Dieulafoy.‹«[4]

Gelehrte und Malerin

Zum Frühstück, zum Mittag- und zum Abendessen hätte ich Tempel genießen mögen. Mein Hunger nach ihnen war unstillbar und wurde mit jeder Mahlzeit größer. Ich habe sie alle betreten. Ich habe zu allen Aufzeichnungen gemacht. Ich habe jeden einzelnen in meinen Skizzen festgehalten. Amelia Edwards, 1877[5]

Im Winter 1873/74 unternahm Amelia Edwards, 42 Jahre alt und von Beruf Schriftstellerin, mit ihrer Begleiterin Lucy Renshaw eine Nilfahrt. Auch wenn sie angeblich nur nach Ägypten aufgebrochen war, um dem englischen Regen zu entkommen, war sie doch intellektuell bestens gerüstet. Da sie sich fürs häusliche Leben partout nicht interessierte, drang sie in eine männliche Domäne ein und schrieb einen mit wissenschaftlichen Fakten untermauerten Reisebericht. Ihr spannendes Buch *A Thousand Miles Up the Nile* fand große Anerkennung und gilt als Meilenstein in der Reiseliteratur von Frauen. Dass man es mehrmals lesen kann, liegt nicht nur an der detailreichen Reiseschilderung, sondern

»Reinigung des Kolosses«. Holzschnitt nach einer Skizze von Amelia Edwards. Edwards 1877, 451

auch an der Persönlichkeit der Autorin: Oft Beschriebenes erscheint bei ihr in neuem Licht. Nichts und niemand entging ihrer Aufmerksamkeit, und sie bekennt freimütig, dass sie ihre vorgefassten Meinungen vor Ort oft revidieren musste. »Mein Zeugnis mag nicht von großem Wert sein; wegen seines geringen Wertes lege ich es trotzdem ab«, notiert sie bescheiden in der Einleitung und erntete doch für ihre Gelehrsamkeit viel Lob.[6]

Edwards brachte in Ägypten viel Zeit mit Zeichnen zu. Da Zeichnen und Malen für Reisende im 19. Jahrhundert eine so selbstverständliche Beschäftigung war wie das Tagebuchschreiben, war das nichts Besonderes. Das Reisen erwies sich als gute Schule: Die Künstlerin konnte ihre Motive freier wählen, wenn sie der Aufsicht durch ihre gewohnte Umgebung entkommen war – auch wenn ihr nun andere über die Schulter schauten.

Edwards entfernte sich deshalb oft längere Zeit von ihrer Reisegesellschaft und zeichnete Tempel – nicht immer ein leichtes Unterfangen, wie die Schilderung ihrer Bemühungen belegt, den Tempel von Ramses II. in Abu Simbel in seiner ganzen Größe zu erfassen:

> Der Sand sammelt sich in deinen Haaren, in den Augen, den Wasserflaschen; er verschlammt dir den Malkasten, trocknet deine Haut aus und macht aus deinem Deckweiß eine körnige Paste von der Farbe einer Salatsauce. So ist es auch mit den Fliegen. Sie haben einen morbiden Appetit auf Aquarellfarben, folgen deinem feuchten Pinselstrich über das Papier, lassen ihre Beine im Ockergelb zurück und stürzen sich begierig in jede kleine Pfütze Kobaltblau, die du gerade zur Benutzung angerührt hast. Alles schmeckt ihnen, nichts könnte sie vergiften, nicht einmal Olivgrün.[7]

Amelia Edwards.
Nach einem Foto von F.R. Window, in: Dronsart 1894, 323

Als Andrew McCallum (»der Maler« von der *Philae*) in Abu Simbel einen halb verschütteten Zugang entdeckte, stürzte sich Edwards auf die Ausgrabung, bei der eine Kapelle freigelegt wurde. Die Erregung über diesen Fund heizte ihr ohnehin schon starkes Interesse für die Ägyptologie weiter an. Wieder zu Hause, hielt sie eine Vorlesungsreihe über Ägypten, schrieb das Fachbuch *Pharaos, Fellahs and Explorers* (1891) und gehörte zu den Mitbegründern des Egypt Exploration Fund und der School of Egyptology an der Londoner Universität. Patricia O'Neill schreibt in ihrem Essay über Edwards' Reisen: »Durch die Kompetenz ihrer Ägyptstudien und -schriften gab Edwards den Anstoß, Frauen Einlass in das Männerreich der Wissenschaft zu gewähren.« Auch das wachsende historische Interesse von Frauen ist laut O'Neill Edwards' Verdienst.[8]

Autorin wider Willen

Es ist mir sehr unangenehm, dass alle mich für eine Schriftstellerin halten. Es sollte mir nichts ausmachen, doch es stört mich, und alle Erklärungen helfen nichts, weil W[ilfrid] fatalerweise darauf bestanden hat, dass das Buch über seine *Reisen unter meinem Namen erschienen ist.* Anne Blunt, 1891[9]

Das englische Ehepaar Anne und Wilfrid Blunt zog 1877/78 und 1878/79 durch die Syrische und die Arabische Wüste. Die beiden stellten Vermessungen an, studierten die Bräuche von Beduinenstämmen und lernten Arabisch, das Anne bald geläufiger sprach als ihr Mann. Je mehr Zeit sie mit den würdevollen Beduinen verbrachten, desto unduldsamer wurden sie gegenüber ihren vulgären Landsleuten.

Anne erwarb einen Zuchtstock für arabische Vollblüter und

richtete im englischen Crabbet ein Gestüt ein. Doch nicht nur unter Pferden stiftete sie »Ehen«: Auf ihrem Zug durch die Nefud-Wüste 1879 half sie ihrem Führer Mohammed ibn Aruk bei der Brautschau.

Die Blunts machten sich auf den Weg in die Wüstenstadt Hail, Heimat der fanatischen islamischen Sekte der Wahhabiten, und wurden dort vom Emir Muhammad ibn Raschid gastfreundlich aufgenommen; nur wenige Reisende waren vor ihnen dorthin gelangt. Von da aus ging es weiter nach Bagdad und dann nach Persien. Als sie einmal nachrechneten, dass sie weit über dreitausend Kilometer zurückgelegt hatten, dämmerte ihnen, dass sie Gewaltiges vollbracht hatten.

LINKS: *Lady Anne Blunt in Araberkleidung.*
Finch 1938, 261

OBEN: *Blunts Quartier in Hail.* Stich nach G. Vuillier, in: Blunt, in: *Tour du monde* 43, 1882, 40

Für Anne war diese Reise besonders beschwerlich. Bei einem Überfall von Angehörigen des Roala-Stammes kostete eine Knieverletzung sie fast das Leben; Wilfrids Pferd Ariel wurde bei einer Eberjagd gefährlich verletzt; Bedienstete ließen sie im Stich, und da sie zunehmend zerlumpt aussahen, begegnete man ihnen nicht mehr mit dem Respekt, der ihre Sicherheit gewährleistete. Der Tiefpunkt war erreicht, als Wilfrid schwer an der Ruhr erkrankte. Nach seiner Genesung trat die zutiefst verzweifelte Anne zum katholischen Glauben über. Und doch schrieb sie ganz sachlich über ihre Abenteuer und brüstete sich nicht mit ihrem Mut und ihrer stoischen Ruhe.

Übrigens ertrug Anne viele Jahre lang die Seitensprünge ihres Ehemanns, bevor sie ihn 1909 verließ. Edith Finch, die eine Biografie über Wilfrid Blunt schrieb, hält Anne für eine schwer fassbare Persönlichkeit, äußert sich aber voller Bewunderung über ihren scharfen Verstand und ihren Fleiß. »Auf der anderen Seite jedoch«, schreibt sie,

> fehlte es Anne an jener Einfühlung und Fantasie, die Wilfrid oft die Richtung erspüren ließ, in die Äußerungen in einer ihm nahezu unbekannten Sprache zielten, und die ihn in die Lage versetzte, sich mit seiner Antwort irgendwie verständlich zu machen. Ihr Sinn fürs Künstlerische war weniger, viel weniger stark ausgeprägt. … Ihre Skizzen und Aquarelle sind zwar häufig reizvoll, jedoch zu peinlich genau, um von größerem Interesse zu sein. Tatsächlich war Lady Anne ein wenig pedantisch.[10]

Auch wenn Anne nicht die Autorin der Bücher über ihre gemeinsamen Reisen in die arabische Welt sein wollte und damit ihren eigenen Stellenwert schmälerte, verdient sie doch als Reisepartnerin und als bedeutende Reiseschriftstellerin unsere Beachtung.

Jenseits der Gelehrsamkeit

Bagdad, das ist der wahre, der aufregende Orient; hier spielt sich das Geschehen ab, und der Zauber von alledem berührt mich und nimmt mich gefangen. Gertrude Bell, 1914[11]

Während Dieulafoy, Edwards und Blunt vor allem durch ihre Gelehrsamkeit hervorstachen, ging Gertrude Bell wesentlich weiter: Sie nahm während des Ersten Weltkriegs und in der Zeit danach Einfluss auf das politische Geschehen in Mesopotamien.

Aus ihren zahlreichen Büchern und ausführlichen Briefen wissen wir sehr viel über sie; nur über amouröse Abenteuer schweigt sie sich aus. 1868 in England in eine sehr wohlhabende Familie hineingeboren, war Bell in jeder Hinsicht begünstigt und führte ein behütetes Leben. »Hindernisse hatten die Eigenheit, vor ihr hinwegzuschmelzen«, erklärte eine Mitarbeiterin gegenüber Bells Biografin Elizabeth Burgoyne. Bell schloss ihr

Gertrude Bell mit Arabern bei der Vermessung von Mauern in Ukhaydir, Irak, 1909. Mit frdl. Gen. der Gertrude Bell Archives, School of Historical Studies, University of Newcastle, K-122

Geschichtsstudium an einem der damals nur zwei Frauencolleges in Oxford mit Auszeichnung ab.[12]

Nach etlichen Reisen innerhalb Europas fuhr Bell 1892 erstmals in den Nahen Osten. Mit ihrer Cousine Florence Lascelles, der Tochter des dortigen britischen Botschafters, reiste sie auf dem Landweg nach Persien. Sie lernte Persisch und war kurz mit dem Legationssekretär Henry Cadogan verlobt. Da ihre Eltern diese Verbindung jedoch nicht guthießen, kehrte sie als pflichtbewusste Tochter nach England zurück. Cadogan erlag neun Monate später den Folgen eines Badeunfalls.

Bells erstes Buch, *Persische Reisebilder*, erschien 1894/1949 anonym. Als zweites kam 1897 der mit Beifall aufgenommene *Divan* heraus, ihre Übersetzung des Werks des persischen Dichters Hafes.

Bald nahm das Reisen ihre ganze Zeit in Anspruch. Mit

Gertrude Bells Dragoman Fattuh, Türkei, 1905. Aufnahme von Gertrude Bell. Mit frdl. Gen. der Gertrude Bell Archives, School of Historical Studies, University of Newcastle, D-201

Freundinnen oder Verwandten unternahm sie Streifzüge durch Europa und Nordafrika und umrundete so den Globus. Nach Syrien kam sie erstmals im November 1899 auf dem Weg nach Jerusalem, wo sie die Rosens, mit denen sie in Teheran Freundschaft geschlossen hatte, besuchen wollte. Mit ihnen bereiste sie Palästina und Transjordanien, fing an zu fotografieren und begann Arabisch zu lernen. Auf eigene Faust ging es dann in den Libanon und nach Palmyra.

Die nächsten fünf Jahre verbrachte Bell in Europa und auf einer weiteren Weltreise – mit einer Stippvisite in Palästina 1902. Sie wurde zu einer hervorragenden Bergsteigerin und setzte ihre Persisch- und Arabischstudien fort.

Danach brach Bell zu einer Reise auf, aus der das Buch *Am Ende des Lavastromes. Durch die Wüsten und Kulturstätten Syriens* hervorging. Am 5. Februar 1905 verließ sie Jerusalem zu Pferd, begleitet von ihren Maultiertreibern Muhammed, Ibrahim und Habib sowie von Michaïl, einem Koch, der eine Schwäche für Arrak hatte. Ihr Fernziel war Kleinasien. Zunächst einmal aber sollte es in die Hauran-Region im Süden Syriens gehen. Es war entsetzlich kalt und feucht, die Gegend war öde und matschig, doch die Gastfreundschaft der Wüstenbewohner versüßte ihr den Weg; Zelte und Häuser standen ihr überall offen.

Die Vorstellung, dass eine Frau sich mit Archäologie beschäftigen könnte, war so ungewöhnlich, dass die Berichte über ihren Zug den türkischen Wali (Gouverneur) Nazim Pascha in Unruhe versetzten. Nach der Ankunft in Damaskus sorgte sie dafür, dass sie sofort eine Audienz bei ihm erhielt, und versicherte ihm, ihr Vorhaben sei rein archäologischer Natur.

Bell reiste nach Baalbek und dann nach Aleppo weiter. Dort heuerte sie Fattuh an, einen syrischen Christen, der sie in den nächsten Jahren als Führer begleiten sollte. Von Aleppo reiste sie in den Süden der Türkei. Sie spürte Inschriften auf nabatäischen, römischen und griechischen Monumenten auf und machte viele Fotos, die den Grundstock einer Sammlung bildeten, die schließlich Tausende von Aufnahmen enthielt.[13]

Von Februar bis August 1907 weilte sie wieder in der Türkei, wobei sie sich diesmal mit Inschriften in Kirchen beschäftigte. Mit von der Partie war Sir William Ramsay, mit dem sie das Buch *The Thousand and One Churches* (1909) schrieb. Ebenfalls 1907 lernte sie Major Charles Doughty-Wylie kennen, einen verheirateten Mann. Über die nächsten sieben Jahre verband die beiden eine schmerzliche Liebe, geprägt von einer umfangreichen Korrespondenz und seltenen Begegnungen. Er fiel 1915 im Ersten Weltkrieg bei Gallipoli.

Anfang 1909 reiste Bell nach Mesopotamien, um die frühchristlichen und byzantinischen Kirchen entlang des Euphrat in Augenschein zu nehmen. Sie kartierte die Örtlichkeiten und pauste Hethiter-Inschriften ab. Als Ergebnis veröffentlichte sie 1911 *Amurath to Amurath*. Das 1914 erschienene Buch *Palace and Mosque at Ukhaidir* enthält Material von späteren Reisen.

Ende 1913 brach Bell mit Fattuh und ein paar Führern und

Trägern auf der Route der Blunts über die Nefud-Wüste nach Hail in der Arabischen Wüste auf. Ihre Abreise verlief nicht ohne Hindernisse: Sowohl die britische als auch die osmanische Regierung machten viel Aufhebens um ihr Vorhaben und wollten dann nichts mehr mit ihr zu tun haben.

Nach Anne Blunt war Bell die erste Europäerin, die Hail erreichte. Bei ihrer Ankunft stellte sie mit Erstaunen fest, wie leicht es gewesen war, dorthin zu gelangen – »wie ein Spaziergang auf dem Piccadilly«. Sie wurde von Ibrahim, dem Onkel des abwesenden Emirs Saud ibn Raschid, empfangen und erst einmal festgesetzt. Indirekt und höflich hinderte man sie an der Weiterreise: Ihre Kamele wurden zwei Tagereisen entfernt auf eine Weide gebracht, und ohne Erlaubnis des Emirs durfte sie die Stadt nicht verlassen. Auch ihr Versuch, sich auf ihren Kreditbrief Geld auszahlen zu lassen, wurde abgewiesen. Als man sie schließlich weiterziehen ließ, bestand sie auf einer vorherigen ordentlichen Stadtführung. Von Hail reiste sie nach Bagdad, dann nach Damaskus und Konstantinopel. Im Mai 1914 kehrte sie nach Hause zurück.[14]

Während des Krieges war sie im Suchdienst für Vermisste in Frankreich aktiv, ging dann zum britischen Geheimdienst nach Kairo und gehörte dem britischen Expeditionskorps in Basra und Bagdad an. Nach Kriegsende 1918 hatte sie wesentlichen Anteil an Plänen, den Irak unter britisches Mandat zu bringen. 1920 wurde sie Sekretärin von Sir Percy Cox, dem britischen Hochkommissar in Mesopotamien. Mit Cox arbeitete sie gut zusammen, doch dessen vorübergehender Nachfolger A. T. Wilson warf ihr vor, sie mische sich in Dinge ein, von denen sie nichts verstehe, und sprach von Indiskretionen in ihrer Korrespondenz. Seine Versuche, ihre Ablösung durchzusetzen, hatten jedoch keinen Erfolg.

Bell war an der Festlegung der Grenzen des Irak beteiligt – eine Leistung, über die sich aus heutiger Sicht durchaus streiten lässt. Ebenfalls großen Anteil hatte sie daran, dass Faisal 1921 zum ersten irakischen König designiert wurde; nach einem Plebiszit folgte die offizielle Ernennung. Ab 1923 Direktorin der irakischen Antikenverwaltung, gründete sie u. a. das Museum in Bagdad (heute Iraq Museum). Bell starb im Juli 1926 kurz vor Vollendung des 58. Lebensjahrs an einer Überdosis Schlafmittel. Ob sie freiwillig aus dem Leben schied, wurde nie ermittelt.

Gertrude Bell war eine Frau mit vielen Gesichtern. Auch wenn sie sich anfangs gegen das Frauenwahlrecht wandte und sich bei vielen Entscheidungen an den Ansichten ihrer Eltern orientierte, steht ihr unabhängiger Geist doch außer Frage. 1913 wurde sie als eine der ersten Frauen in die Royal Geographical Society* aufgenommen und 1918 von dieser traditionell frauenfeindlichen Institution mit der Founder's Medal for Exploration ausgezeichnet.[15]

Nach allem, was man liest, wurde Bell als Reisende, Wissenschaftlerin und politische Persönlichkeit von den Arabern akzeptiert. König Faisal war auf ihre genaue Kenntnis der Völker angewiesen, und Stammesführer vertrauten auf ihre Empfehlungen und Informationen. Einige Männer begegneten ihr jedoch mit Ressentiments, so z. B. Ibn Saud, der es nicht gewohnt war, bei Staatsgeschäften mit einer Frau zu tun zu haben, und Bells Einsatz als ein Zeichen mangelnder Ehrerbietung seitens der britischen Regierung ansah.

Für ihren männlichen Kollegen Wilfred Thesiger war Bell die einzige echte weibliche Forschungsreisende im Nahen Osten. Freya Stark hingegen reagierte auf den Vorschlag, eine Biografie über Bell zu schreiben, mit der Bemerkung, sie sei nicht daran interessiert. Als Stark ab 1929 kurze Zeit in Bagdad lebte, stand sie ganz im Schatten Bells, deren Leistungen ihrer Ansicht nach stark überschätzt wurden. Wären die beiden einander je begegnet, wäre die Abneigung sicher wechselseitig gewesen, meinte sie.[16]

Von Bell heißt es, sie habe andere Frauen, die sich erdreisteten, im Orient einen eigenen Claim abzustecken, mit Missbilligung gestraft. Auch Rosita Forbes kam bei ihr schlecht weg. Bell

---

* 1893 hatte eine kleine Gruppe Frauen, darunter Isabella Bird, Aufnahme gefunden, als die Royal Geographic Society für kurze Zeit ihre Türen auch für Frauen öffnete. Wenig später wurden sie wieder geschlossen.

machte sich über Forbes' Arabischkenntnisse lustig und nannte sie eine »Wichtigtuerin erster Güte«. Dennoch gibt es in Bells Briefen, sieht man von Forbes einmal ab, eine Fülle von freundlichen Äußerungen über Frauen und viele Klagen, dass sie nur wenige Freundinnen habe.[17]

Vita Sackville-West, die sich wenige Monate vor Bells Tod ein paar Tage bei ihr in Bagdad aufhielt, notierte später: »Ihr Leben war so beseelt, so vital, in jedem Detail so von Energie durchdrungen, dass es auf alle anderen Menschen einfach Eindruck machen musste.«[18]

Ende des 19. Jahrhunderts gab es etliche Frauen, die in Ägypten Ausgrabungen machten, in Syrien und Palästina kartierten und am Berg Sinai Dokumente studierten. Was sie dazu trieb, bleibt meist im Dunkeln. Mit der Zulassung von Frauen zu den Universitäten wurde es für sie jedoch zweifellos leichter, in der Welt der Wissenschaft Anerkennung zu finden.

»Blaustrümpfe«

Ich schwöre, mein einziges Entzücken ist es, ohne Sinn und Verstand über alles zu sprechen, was mir durch den Kopf geht, und bevor auch nur die Kapitelüberschrift steht, treibt mich schon die Sehnsucht nach einem anderen Gegenstand um. Olympe Audouard, 1866[19]

Olympe Audouard, die Begründerin der Zeitschriften *Le Papillon* und *La Revue cosmopolite*, galt männlichen Zeitgenossen als *bas-bleu*, als Blaustrumpf – und diese Bezeichnung für weibliche Intellektuelle, die Ende des 18. Jahrhunderts aufkam, hatte keinen guten Klang. Audouard und die Schriftstellerin Louise Colet fanden mit ihren Ansichten keine Gnade; beide bereisten den Orient, und beide wurden als Blaustrümpfe geschmäht.

Dass Audouard von einem Sujet zum anderen schweifte, war nicht ihre einzige literarische Sünde. Die drei Bücher über ihren Orientaufenthalt 1864/65, *Les Mystères de l'Égypte dévoilés*, *Die Mysterien des Serails und der türkischen Harem* und *L'Orient et ses peuplades*, bestätigen dies. Urplötzlich springt sie darin von objektiver Darstellung zu peinlicher Selbstbeweihräucherung und präsentiert sich als eine widersprüchliche Frau, die es einerseits nach Freiheit dürstete, die es aber zugleich als Kränkung erlebte, wenn man ihr nicht huldigte. In mutwilliger Indiskretion erklärte sie, der Vizekönig von Ägypten halte sie für eine Spionin, und lieferte dann sogleich die Rechtfertigung für diesen Verdacht, indem sie die Regierung nach Strich und Faden kritisierte.* Frei sein hieß für sie auch, kein Blatt vor den Mund zu nehmen.

Ihr offenes Eintreten für die Scheidung – sie hatte sich kurz nach der Hochzeit von ihrem Mann getrennt – brachte Audouard den Beinamen »Bellicose« (Kriegerin) ein.[20] Tugend wurde für sie zur fixen Idee. Über die Haremsdamen war sie geteilter Meinung: Sie sah im Harem einen Ort der Befreiung, fand aber die Intrigen, die ihr zu Ohren gekommen waren, abstoßend: Männliche Liebhaber drangen, in Schleier gehüllt, ins Allerheiligste vor; Frauen verkleideten sich als Mägde und entflohen so dem Harem, um Ehebruch zu begehen. Die düstersten Geschichten fanden Eingang in ihre Bücher und erhielten in ihrer Nacherzählung einen besonders grausamen Beigeschmack: »Hier schneidet ein betrogener Ehemann einer untreuen Gattin den Kopf ab und überbringt ihn in einem Beutel ihrem Liebhaber. Dort gibt ein alter Pascha den Befehl, unter den Augen seiner schuldig gewordenen Frauen … die Kinder zu ersticken, die sie von seinen Rivalen bekommen haben«, heißt es in Jean-Marie Carrés Untersuchung über die Erfahrungen französischer Ägyptenreisender. Der Gipfel an Scheußlichkeit sei mit der Geschichte über einen Pascha erreicht, der seine ungehorsame Lieblingstänzerin in kleine Stücke hackt und diese in einer hübschen, mit Blumen bedeckten Truhe zu ihren Freunden bringen lässt. »Genug der Verbrechen und bösen Taten!, werden Sie sagen«,

---

* Mit Spionage wurde auch eine frühere Reisende niederländischer Herkunft in Verbindung gebracht: Ida de Sainte-Elme (alias Elzelina Tolstoy van Aylde-Joghe), die Autorin von *La Contemporaine en Égypte* (1821–1823), einer Sammlung erfundener pikanter Klatschgeschichten. Als frühere Kurtisane stand sie offenbar mit Napoleons Geheimpolizei in Verbindung.

Louise Colet. Ivray 1928, 177

schreibt Carré. »Man sollte der Frau, die solches Gewäsch fabriziert, den Stift entwenden.«[21]

Bei allem Moralisieren war Audouard von der Sinnlichkeit des Orients fasziniert. Eine Nacht in der Wüste beschreibt sie so: »Aus dem Garten kam ein schwacher Duft von Blumen, deren süßes Parfüm mir von einer leichten Brise zugetragen wurde. Es war die Zeit des Vollmonds. ... Nie waren mir die Nächte so herrlich erschienen wie im Angesicht dieser endlosen Wüste.«[22]

Carré verschwendete auch auf Louise Colet, eine andere Ägyptenbesucherin, keine honigsüßen Worte. Diese Schriftstellerin, dereinst Muse und Geliebte Gustave Flauberts, gehörte zu den wichtigsten Gestalten der literarischen Welt in Paris. Sie erhielt von der Académie française zahlreiche Dichterpreise und zählte Victor Hugo, Alfred de Musset und Alfred de Vigny zu ihren Freunden, wurde aber ebenfalls als Blaustrumpf verunglimpft und sah sich von etlichen Bekannten (bei denen sie Neid auf ihre Erfolge vermutete) verfolgt, bis sie, wie im Fall des Schriftstellers Alphonse Karr, mit dem Küchenmesser auf sie losging.

Flaubert hatte sich vor seiner Ägyptenreise 1849 von Colet getrennt. Nach seiner Rückkehr lebte die Beziehung wieder auf, doch 1854 kam es zum endgültigen Bruch. Schon vorher hatte die detaillierte Beschreibung seiner sexuellen Begegnung mit Kuchuk Hanem in seinen Reisenotizen Colets Groll erregt.

Diese Tänzerin aus dem oberägyptischen Esna habe nicht einmal physisch etwas für ihn empfunden und ihn nur gemocht, weil er sie bezahlt habe, versicherte er ihr und kam, mit ihren Einwänden konfrontiert, zu dem Schluss, dass Männer und Frauen doch sehr verschieden seien.[23]

Im Alter von fast sechzig Jahren fuhr Colet nach Ägypten, um für *Le Siècle* über die Einweihung des Suezkanals zu berichten. Ihre männlichen Kollegen gingen Colet bei dieser Vergnügungsreise auf öffentliche Kosten aus dem Weg oder machten sich über ihre welke Schönheit und ihren Antiimperialismus lustig. Auch von offizieller Seite erfuhr sie keinerlei Ehrung. In Kairo etwa wurde sie im »Hotel Europe« untergebracht, das zur untersten Kategorie gehörte, die man für die Suez-Delegation gebucht hatte. Bei der Nilfahrt waren die besten Dampfer des Vizekönigs ausgewählten Besuchern vorbehalten; Colet fuhr auf der *Gizeh*, einem Kahn voller Küchenschaben, Mücken und übler Latrinengerüche, und sah sich unter diesen Umständen gezwungen, ihre nächtliche Opiumdosis zu verdoppeln.[24]

Vielleicht hatte Colet wirklich die Absicht, die Sehenswürdigkeiten eingehend zu besichtigen, doch wegen der Hitze und ihres schlechten Gesundheitszustandes fehlte es ihr an Energie. Der Geist ihres früheren Geliebten verfolgte sie, doch über Esna berichtet sie nur von der Hitze und einem eiligen Basarbesuch.

Dennoch brachte sie zwei Artikel zustande, und posthum erschien ihr Buch *Les Pays lumineux*. »Ein feines psychologisches Dokument«, schreibt Carré, »wir haben es nicht mehr mit der ›wild geifernden, Flüche ausstoßenden Muse‹ zu tun …; nun spricht eine immer noch manierierte, schwärmerische, unerträgliche Frau, die alle um sich schart und uns aufruft, zu Zeugen der Ungerechtigkeiten zu werden, die ihr und ihrer Welt widerfahren sind, zu uns über ihre Krankheiten und Hirngespinste«[25].

Colet und Audouard wurden als selbstgerecht und zu anspruchsvoll abgetan, weil sie in eine männliche Domäne eingedrungen waren und dafür, was noch schlimmer war, nicht einmal Abbitte geleistet hatten.

MITARBEITENDE EHEFRAUEN
Isabel Burton (1831-1896) und Regula Engel (1761-1853)

Man spürt sehr wohl, Mme, dass Sie Engländerin sind. Eine Französin wäre zumindest der Ohnmacht nahe gewesen oder hätte einen hysterischen Anfall bekommen. Sie aber sind so ruhig und denken so praktisch, dass man meinen könnte, Sie klassifizierten Spielzeug und nicht menschliche Knochen, und ich bekenne, das empört mich. Ich wünschte, Sie hätten ein wenig mehr Gefühl.
Graf Perrochel an Isabel Burton, 1875[26]

Mit großer Befriedigung zitiert Isabel Burton diese Äußerung von Graf Perrochel über ihre Arbeit in Palmyra, wo sie mit ihrem Mann Richard begeistert Forschungen betrieb. Als Frau von der Sorte, die in »schreiende Zuckungen« verfällt, wäre sie Richard ebenso lästig wie langweilig geworden, meinte sie.[27] Wie andere

Isabel Burton und Regula Engel

berufstätige Frauen war Isabel Burton der Ansicht, Reisen allein reiche nicht aus; man müsse die Zeit sinnvoll füllen. Die Bestimmung jeder Frau sei es, ihren Pflichten nachzukommen. Eine reisende Ehefrau müsse

LINKS: *Isabel Burton.* Burton 1879 (1875), Frontispiz

OBEN: *Das Haus der Burtons in Salihiyya, damals ein Dorf, heute ein Stadtteil von Damaskus.* Stich nach Frederic Leighton, in: Burton 1879 (1875), 81

> gut reiten, wandern, schwimmen und schießen können und sich, um nicht völlig vom Ehemann abhängig zu sein, bei einem Überfall zu verteidigen wissen. Außerdem muss sie das Bett machen, das Zelt aufräumen, wenn nötig, kochen, die Kleidung im Fluss waschen, ausbessern und zum Trocknen ausbreiten – alles zu seiner Bequemlichkeit. Des Weiteren muss sie Kranke pflegen, Wunden versorgen, Sprachen erlernen, einen Trupp Einheimischer dazu bringen, dass sie ihr mit Liebe, Respekt und Gehorsam begegnen, das eigene Pferd striegeln, satteln und es durch Flüsse führen. Sie muss mit dem Sattel als Kopfkissen auf dem Boden schlafen … und generell ohne Komfort zurechtkommen. Sie muss ihrem Mann stets von Nutzen sein und sich bemühen, nie etwas von ihm zu fordern. Sie sollte schreiben können und ihm bei seinen Beobachtungen zur Seite stehen; kann sie auch noch zeichnen oder malen, ist sie eine wahrhaft glückliche Frau.[28]

»Unser Wüstenlager«.
Stich nach Charles Tyrwhitt-Drake, in: Burton 1879 (1875), 173

Weil Richard streng und unberechenbar war, hatte Isabel die dreifache Aufgabe, ihm bei der Planung immer einen Schritt voraus zu sein, ihm als Begleiterin zur Seite zu stehen und zugleich respektvoll einen Schritt hinter ihm zurückzubleiben. Sie bekannte einmal, wenn sie als Mann geboren wäre, hätte sie Richard Burton sein wollen. Als Frau gab sie sich damit zufrieden, seine Gattin zu sein.

Doch Isabel eiferte nicht nur Richard nach, sie hatte auch ihre Heldinnen: Ihr Wunsch war es, als fünfte zu einer »kleinen Schar von Frauen« zu gehören: »Lady Mary Wortley Montagu, Lady Hester Stanhope, Lady Ellenborough [Jane Digby] und die Prinzessin de la Tour d'Auvergne«★[29].

★ Die Prinzessin de la Tour d'Auvergne finanzierte 1856 den Bau einer Kirche in Jerusalem. Burton erklärte, die Prinzessin werde exzentrisch genannt, weil sie wie Digby und Stanhope »der Fleischtöpfe Europas überdrüssig geworden« sei[30].

Die in Zürich geborene Regula Engel ließ 1798 widerstrebend sieben ihrer acht Kinder bei Freunden zurück und ging mit ihrem geliebten Ehemann, dem Offizier Florian Engel, nach Ägypten, wo er für Napoleon kämpfen sollte. Florian kam nicht einmal der Gedanke, dass sie zögern könnte, und erklärte, nur der Tod könne sie trennen. Sie war eine von 14 Frauen (zwei Schweizerinnen, zwölf Französinnen), die die Erlaubnis erhielten, sich den Truppen anzuschließen; Voraussetzung war, dass sie nicht schwanger waren. Regula, die ihr jüngstes Kind mitgenommen hatte, brachte jedoch kurz nach der Ankunft in Kairo Zwillinge zur Welt.

Jaffa, Schauplatz von Napoleons Syrienfeldzug 1799. Stich von J. D. Woodward nach J. J. Crew, in: Wilson 1881, Bd. 2, 143

Ihr kurzer Bericht über diesen Lebensabschnitt umfasst den Angriff Napoleons auf Alexandria, den langen Marsch nach Kairo, die schon erwähnte Zwillingsgeburt, gewaltsame antifranzösische Aufstände in Kairo und den Marsch nach Syrien. In Jaffa zog sie eine Offiziersuniform an und kommandierte dort, unterstützt von einem Unteroffizier, einen Posten. Ihre »militärische Haltung« und ihre »vollen Schweizer Waden« in den engen Uniformhosen brachten ihr Bewunderung ein.[31]

Die Franzosen wurden trotzdem geschlagen; viele verloren ihr Leben auch aufgrund von Krankheiten oder Unterernährung. So machte man sich auf den Rückweg nach Ägypten und dann nach Frankreich. Bei der Ankunft in Nizza stellte Regula fest, dass sie erneut schwanger war. Insgesamt gebar sie 21 Kinder, von denen zehn auf dem Schlachtfeld fielen, u. a. in Marengo und Waterloo. In Waterloo verlor auch ihr Mann sein Leben.

Ich glaube, es gibt keine Frauen, die so frei sind ... wie die Türkinnen – und wenn ich mir ansehe, wie sie leben, betrachte ich sie als die glücklichsten Geschöpfe der Welt. Lady Elizabeth Craven: *Journey,* 1789

Verschleiert und befreit
DIE FRAUEN IN DEN HAREMS

WENN EINE EUROPÄERIN im 19. Jahrhundert in den Orient reiste, musste sie mindestens einen Harem besichtigen, war dies doch eines der wenigen weiblichen Privilegien überhaupt. Dazu kam, dass Haremsschilderungen auch bei Männern auf Interesse stießen. Die Autorinnen bürgten für zuverlässige Quellen, und so wurde der Harem bald Thema Nummer eins vieler Reiseberichte.

Nun klopften die voreingenommenen Leser und Rezensenten natürlich alle Details daraufhin ab, ob diese mit ihren eigenen Fantasien über die vermeintlichen Lasterhöhlen übereinstimmten. Da Themen sexueller oder anatomischer Art bis hin zur Erwähnung der Unterwäsche jedoch tabu waren, musste der Leser seinen ganzen Scharfsinn aufbieten, um die kryptischen Anspielungen in den Texten richtig zu deuten.*

Mit »Harem« wurde in Europa gemeinhin eine Institution assoziiert, wie Sultan Sulaiman II., der Prächtige, sie 1541 im Topkapipalast von Konstantinopel ins Leben gerufen hatte. Dort führte eine zirkassische Ex-Konkubine des Sultans, Hurrem Sultan, auch Roxelana genannt, das Regiment. Obwohl Sultane

---

* Einige männliche Autoren, etwa Richard Burton, verfassten die heikelsten Passagen in lateinischer Sprache, die so nur einer Elite von Männern (und unvermeidlich auch Frauen) verständlich waren.

»Das Juwel des Harems«.
Stich nach Leopold Carl Müller, in: Ebers 1883, Bd. 1, 59

»Der Haremsalltag: Das Abendessen«. Zeichnung einer »in Konstantinopel ansässigen Dame«, in: *Graphic*, 15. Juli 1876, 69

traditionsgemäß nicht heirateten, hatte Roxelana ihrem Sulaiman klar gemacht, dass sie dies zu ändern gedächte. Und während sie den Harem mit eiserner Hand regierte, soll sie Sulaiman zum Mord an seinem Erstgeborenen angestiftet haben, um ihrem eigenen Sohn den Weg an die Macht zu bahnen. Autoren wie Jean Racine, Charles-Louis de Secondat Montesquieu und Jean-François Marmontel setzten der Sultanin in ihren Werken ein Denkmal. Der Harem als abgetrennte Abteilung des Hauses für Ehefrauen, Konkubinen, weibliche Familienangehörige, Kinder und Sklavinnen überdauerte bis ins 20. Jahrhundert.[1]

Unter einem Harem versteht man sowohl den Ort an sich als auch seine Bewohnerinnen. Das arabische Wort *haram* bedeutet u. a. geschützt, verboten, heilig. Nach islamischem Recht darf ein Mann vier Ehefrauen haben, sofern es seine Geldmittel zulassen. Das Ausmaß der Freiheit, das die Frauen im Islam hatten, reichte von der extrem abgeschotteten Existenz höher gestellter Frauen bis hin zum relativ freien Leben der Bäuerinnen.[2]

Ausländische Haremsbesucherinnen schieden sich in solche, die das Verbindende hervorhoben, und andere, die sich auf das Trennende konzentrierten. Die einen beschrieben die alltäglichen Abläufe und die Bekleidungsgewohnheiten der Frauen, in den Berichten der anderen war eher von Frauen die Rede, die Chibouque- oder Wasserpfeife rauchten und ihre Finger als Essbesteck benutzten. Besonders interessierten sich die Autorinnen für Kleidungsstücke, Schönheitspflegemittel und Einrichtungsgegenstände, doch sie beschäftigten sich auch mit den persönlichen Ansichten und Begabungen ihrer Gastgeberinnen. Voreingenommen waren sie immer, und in jeder Gruppe gab es Anhängerinnen und Gegnerinnen des Harems. Einige wenige aber fanden das Thema schlichtweg langweilig.

Einen gemeinsamen Nenner für alle Urteile und Vorurteile zu finden ist nicht einfach. Ebenso wenig aufschlussreich sind die Reiseberichte der Europäerinnen in Bezug auf die Art und Weise, wie sie selbst auf die arabischen Frauen wirkten. Wir wissen nur, dass jede Seite ihre eigenen Kriterien hatte. Wer wie Lady Mary Wortley Montagu den Harem im Spiegel der arabischen Märchen sah, ließ sich nur zu gern auf diese Erfahrung ein. Aber im 19. Jahrhundert meldeten sich auch anders denkende Frauen zu Wort, z. B. Cristina di Belgiojoso:

> Man hatte uns von den Paradiesen der Schönheit und der Liebe berichtet: Wir glaubten daran, so unwahrscheinlich und geschönt diese Beschreibungen auch immer sein mochten, und hofften an diesen verborgenen Orten den Inbegriff von Luxus, Raffinement, Schönheit und Wolllust zu entdecken. Doch weit gefehlt![3]

DAS HAREMSSYSTEM

Ich werde mich nie an die Existenz des Harems gewöhnen. Ich öffne die Augen, schaue mich um und kann es immer noch nicht glauben.
Valérie de Gasparin, 1866[4]

Wenn sich die fortschrittliche Frau auch durch einschlägige Lektüre auf die Existenz des Harems innerlich schon vorbereitet hatte, so hing es doch vor allem von ihrer Erziehung ab, ob er sie schockierte oder nicht. Viele Haremsbeschreibungen stammen

Haremsszene. Stich nach Mary Walker, in: Hornby 1863, 320

von Frauen aus höchsten Kreisen. Die unerschrockene Lady Montagu z. B. vermochte mit ihren realistischen Schilderungen vornehmer Harems und Hammams (Bäder) alles zu widerlegen, was ihre männlichen Kollegen zu diesem Thema in Umlauf gebracht hatten. Entgegen der europäischen Auffassung, der Harem sei ein einziger Sündenpfuhl, zeichnete sie eine streng abgegrenzte weibliche Welt, die dem Einfluss des Mannes weitgehend entzogen war. Die Frauen bestimmten selbst, welchen Mann sie zu welchem Zeitpunkt empfangen wollten. Und in ihren Kleidern, die dem Körper seine Bewegungsfreiheit ließen, konnten sie inkognito die Stadt durchqueren, um ihren Neigungen zu frönen. Dass eine aufgeklärte Frau wie Montagu das Wort für eine vermeintlich rückständige Lebensform ergriff, schlug ein wie eine Bombe.★

Nicht minder originell waren ihre freizügigen Schilderungen

★ Derart angespornt verließ Montagu 1739 ihren Ehemann und lebte bis nach seinem Tod 1761 auf dem Kontinent.

von Frauen, die sich – nach europäischem Standard – eher spärlich bekleidet auf ihren Kissen rekelten, zumal die Erwähnung von Intimitäten oder gar Sexualität strengster Zensur unterlag. Das Thema insoweit akzeptabel zu machen, dass Frauen künftig darüber schreiben oder auch nur lesen konnten, gelang allerdings auch ihr nicht. Die Gesellschaft stempelte sie schlichtweg als unmoralisch ab. Immerhin hatten Frauen fortan die Möglichkeit, das Unaussprechliche zumindest stellvertretend mit Montagus Namen zu benennen.

Lady Elizabeth Craven bestätigte 1786, dass die Frauen von Konstantinopel durch ihre verhüllenden Kleider und den Schleier vor indiskreten Blicken geschützt waren. In anderen Punkten widersprach sie Montagu, auch in Sachen Schönheit und Mode.★[5]

Julia Pardoe war ebenfalls von dem freien Dasein der Orientalin überzeugt. Nachdem sie in den *Ansichten des Bosporus* die Atmosphäre eines Harems geschildert hatte, kam sie zu dem Schluss: »Vielleicht gibt es in der ganzen Welt keine Frauen, die so wenigem Zwang unterworfen wären. Unter der landesüblichen Begleitung können sie gehen wohin sie wollen, ohne dass Jemand Notiz davon nimmt.« Über die Europäer, die keine Ahnung von orientalischen Sitten hatten und den Harem als anstößig betrachteten, konnte sie nur mitleidig lächeln.[6]

Montagu, Craven und Pardoe waren sich einig, dass die Rangunterschiede zwischen Ehefrauen, Konkubinen und Sklavinnen im Harem – zumindest formell – aufgehoben waren. Über das Thema der Vielehe schweigen sie sich aus. In den 1840er Jahren gingen jedoch auch sozialkritische Frauen der mittleren Stände ihrer Reiselust nach. Sie erwähnten die Polygamie, wagten es aber nicht, die sexuelle Ausbeutung der Frau anzusprechen. Die sozialkritische Abolitionistin Harriet Martineau, die von ihrer Feder lebte, sah in der Vielehe eine Form der Sklaverei. Nach zwei eiligen Haremsbesuchen in Kairo und

---

★ Craven unterstellte Horace Walpole, er sei der Autor von Montagus Briefen. Sie behauptete, den diabolischen männlichen Federstrich in jeder Zeile zu erkennen.[7]

»Musiker im Asiatischen Tale des Süßen Wassers«. Dies war ein beliebter Treffpunkt der Frauen von Konstantinopel. Stich nach W. H. Bartlett, in: Pardoe: *Beauties*, Bd. 1

Damaskus kam sie zu dem Schluss: »Wer die Hölle auf Erden sucht, findet sie in der Polygamie.« Sie fand die Harems deprimierender als »Taubstummen-Schulen, Irrenanstalten und sogar Gefängnisse«[8]. Martineau wurde häufig Voreingenommenheit vorgeworfen. Doch trotz heftiger Kritik blieb sie dabei, dass sie ernsthaft versucht habe, das Haremssystem zu verstehen: »Ich war immer der Ansicht, dass jedwede Abmachung und ihre Umsetzung beiden Seiten Gewinn bringen müsse. Daher habe ich die Polygamie gründlich auf diesen gegenseitigen Nutzen hin abgeklopft – ohne aber etwas Entsprechendes zu finden.«[9]

Die Feministin Olympe Audouard befasste sich auch mit Tabuthemen wie Ehescheidung und Sexualität. Mit dem Material, das sie in den 1860er Jahren im Orient zusammentrug, hätte sie Bände füllen können. Trotzdem erging auch sie sich über die Vielehe nur in vagen Andeutungen und Mehrdeutigkeiten. Audouards Einstellung zum Harem war offenbar zwiespältig. Einerseits übte sie Kritik daran, andererseits stellte sie wie Montagu fest, dass die Frauen dort dem Einfluss der Männer entzogen waren. Auch dem Schleier konnte sie Positives abgewinnen. All das rechtfertigte ihrer Meinung nach jedoch nicht die schändliche Unmoral, Unwissenheit und Unterdrückung, die sie auch darin sah. Geringschätzig äußerte sie sich über die Gespräche der Frauen, die von der Liebe handelten, und bedauerte es, dass man Kinder solch unzüchtigen Reden aussetzte. Mochten die jungen Ägypterinnen auch körperlich unberührt sein, so »gibt es noch etwas anderes, was sie nicht haben und nicht einmal kennen, und damit meine ich die moralische Jungfräulichkeit«[10].

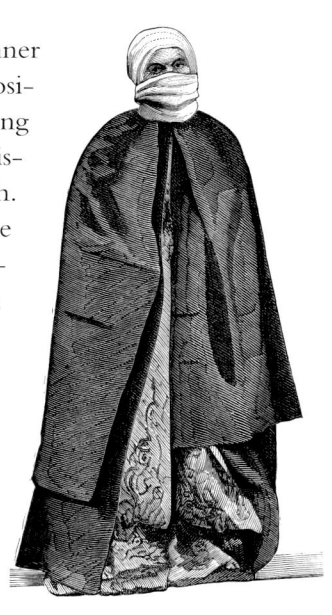

Emmeline Lott.
Lott 1866, Frontispiz

Audouards Bücher kamen ungefähr zur selben Zeit wie Emmeline Lotts *The English Governess in Egypt* heraus. Lott war eine bekennende Ex-Haremsfrau des ägyptischen Vizekönigs Ismail Pascha★ und die Gouvernante von dessen sechsjährigem Sohn. Lucie Duff Gordon, die nur wenige Harems von innen gesehen hatte, tat die Bücher von Lott und Audouard geringschätzig als »widerwärtigen« Klatsch aus Kairo ab.[11]

Prinzessin Cristina di Belgiojoso ging während ihres Aufenthalts im Orient 1852 oft in türkische oder syrische Harems, entdeckte dort aber weder die prächtigen, mit Teppichen ausgelegten Paläste à la Montagu oder Craven noch die Lasterhöhlen à la Audouard. Vielmehr sah sie Schmutz, Armut, vernachlässigte Kinder, zerlumpte Frauen, Müßiggang und geistige Leere. Unmoralisch und unzüchtig fand sie die Vielehe allemal. Vor allem aber förderte der Harem nach ihrem Dafürhalten weibliche Verdummung und Charakterlosigkeit:

★ Über die oft zitierte Lott fand ich keinerlei biografische Hinweise. Ihre Haremsberichte erschöpfen sich in zahlreichen Wiederholungen nicht immer plausibler Details. *The English Governess* ist voller Häme gegen Ismael Paschas deutsche Dienerinnen und Haremsdamen. Aber auch die anderen Haremsfrauen, deren Sklavinnen und den Vizekönig selbst bedachte sie mit giftigen Bemerkungen.

»Die Flötenspielerin (in einem Harem in Konstantinopel, 1860)« von Henriette Browne. Die französische Künstlerin Browne reiste nach Konstantinopel und Nordafrika und schuf mehrere Werke mit orientalischen Sujets. Jérusalémy, in: Tour du monde 8, 1863, 145

Sich grundlos ärgern, ohne Verstand sein, ständig dummes Zeug plappern, weder Wünschen noch Befehlen nachkommen, nur dem eigenen Vergnügen frönen, das Geld ausgeben, das der Ehemann im Schweiße seines Angesichts verdient, sich krank stellen und ständig herumjammern, das sind ihre Privilegien.[12]

Belgiojoso wurde in der türkischen Stadt Payas von ihrem Gastgeber Mustuk Bey darauf vorbereitet, dass sie von seiner Frau keine sprühenden Diskussionsbeiträge zu erwarten habe. Umso angenehmer war Belgiojoso überrascht, als Mme Mustuk

> ihre scheue Fassade ablegte und sich völlig entspannt mit mir unterhielt. Sie stellte mir Fragen zuhauf, um etwas über unsere Gebräuche zu erfahren … Dass meine entzückende Gastgeberin beileibe nicht so minderbemittelt war, wie ihr Gatte es hatte glauben machen wollen, bewies sie durch ihr reges Interesse für alle möglichen Dinge, die nichts mit ihr zu tun hatten, und sie löcherte mich mit Fragen dazu, *warum* dieses oder jenes so und nicht anders sei.[13]

Die meisten Europäerinnen verurteilten die Untätigkeit der Haremsfrauen. Amelia Edwards lernte in einem Dorf nördlich von

Luxor Frauen »in einem Zustand geistiger Leere [kennen], und sie hatten nicht einmal die Möglichkeit, ins Freie zu gehen und sich zu bewegen. Sie wirkten völlig tumb und zeigten kaum Interesse für ihre Umgebung.« Edwards' Ansicht nach führten die Bäuerinnen (Fellachen), die sich auf den Feldern abrackerten, ein weitaus glücklicheres Leben. Jane Digby, die sich oft im Harem aufhielt, ließ sich nicht auf eine Meinung festlegen. Während sie einerseits ihre Missbilligung über die untätig herumsitzenden Frauen des Abd El Kader kundtat, berichtete sie andererseits von Haremsfrauen, die in ihren »einfachen, aber nützlichen Beschäftigungen« aufgingen. Aber an die derben Gespräche unter ihnen würde sie sich nie gewöhnen.[14]

Und dann gab es noch Europäerinnen, die sich allen Ernstes fragten, ob die Orientalin derselben Art angehörte wie sie selbst. Gräfin Ida von Hahn-Hahn kommentierte Anfang der 1840er Jahre nach einem Haremsbesuch trocken: »... ein Weib ohne Intelligenz ist kein Weib mehr, sondern nur noch – Himmel, nun habe ich kein anderes Wort, als: ein Weibchen, und das klingt wie ein Schmeichelname der Zärtlichkeit! Aber ich meine: *une femelle*.« Und Audouard urteilte über die Ägypterinnen, sie seien »keine Frauen, sondern Hündinnen«. Harriet Martineau wiederum, die mit ihrer Begleiterin Mrs Yates vor dem Gezeter palästinensischer Frauen in einem Badehaus die Flucht ergriffen hatte, war zutiefst »erstaunt und verstört. Bis heute bin ich mir nicht sicher, ob man diese Geschöpfe tatsächlich der menschlichen Spezies hinzurechnen kann.«[15]

Lucie Duff Gordon ging nicht oft in einen Harem, lebte aber in Ägypten unter den einheimischen Frauen, die ihr vertrauter wurden als viele ihrer Landsleute. Und Hester Stanhope fand herzliche Worte für die Witwe von Mourad Bey, der sie in Kairo ihre Aufwartung machte: »Sie ist die entzückendste Frau, ... die ich je kannte, das Urbild einer gefangenen Königin, ausgestattet mit außerordentlichen Fähigkeiten, Herzenswärme und großer Güte. Ich würde jederzeit wieder nach Kairo reisen, und wäre es nur, um diese Frau wiederzusehen, die meine aufrichtige Freundschaft und Bewunderung hat.«[16]

Wie Stanhope hatte Duff Gordon Kontakt zu den Frauen gesucht und sich um das Erlernen der arabischen Sprache bemüht. Die meisten Europäerinnen berichteten indes, dass es sie anödete, während der Audienzen schweigend dazusitzen. Harriet Martineau musste sehen, wie sie zurechtkam, wenn ihre Dolmetscherin unabkömmlich war. Aber sie war ohnehin stocktaub und kaum in der Lage, sich in ihrer Muttersprache zu verständigen.[17]

Lange Unterbrechungen ihrer Reisen gaben den Europäerinnen Gelegenheit, Material zu sammeln, das sie zu anschaulichen, wenn auch nicht immer wahrheitsgetreuen Porträts ihrer Gastgeberinnen und deren Umgebung verarbeiteten. Allzu oft führte ein einziger ein- oder zweistündiger Besuch zu kritischen Betrachtungen über die ungewohnte Sinnlichkeit einer endlosen Kette von Ritualen, die aus Baden, Schönheitspflege, Entspannen, Rauchen und dem Austausch von Zärtlichkeiten bestanden. Das größte Ärgernis für die heiklen Viktorianerinnen waren die hygienischen Zustände im Orient. Was ihnen gefiel, waren die kameradschaftlichen Beziehungen unter den Frauen, deren liebevolles Verhältnis zu den Kindern, das Gepränge und der Luxus.

Die Mode im Harem

Ich bin insofern typisch weiblich, als ich vornehmlich auf die Kleidung achte, die man, wäre da nicht die weibliche Missgunst, die alles im Leben der Frauen verdirbt, als durchaus elegant bezeichnen könnte.
Lady Elizabeth Craven, 1789[18]

OBEN: *»Die verschleierte Schöne«*. Zeichnung von F. C. Welsch, in: Ebers 1883, Bd. 1, 88
RECHTS: *Türkin mit* jaschmak *(Schleier) und* feridjee *(Mantel), um 1890*. Fotograf unbekannt

Den weitaus größten Teil der Haremsschilderungen machten kritische Betrachtungen über Mode und Schönheit aus. Aufgrund der Voreingenommenheit der Europäerinnen gegenüber ihren Geschlechtsgenossinnen sind diese Kommentare allerdings mit Vorsicht zu genießen. So bekrittelten etwa die deut-

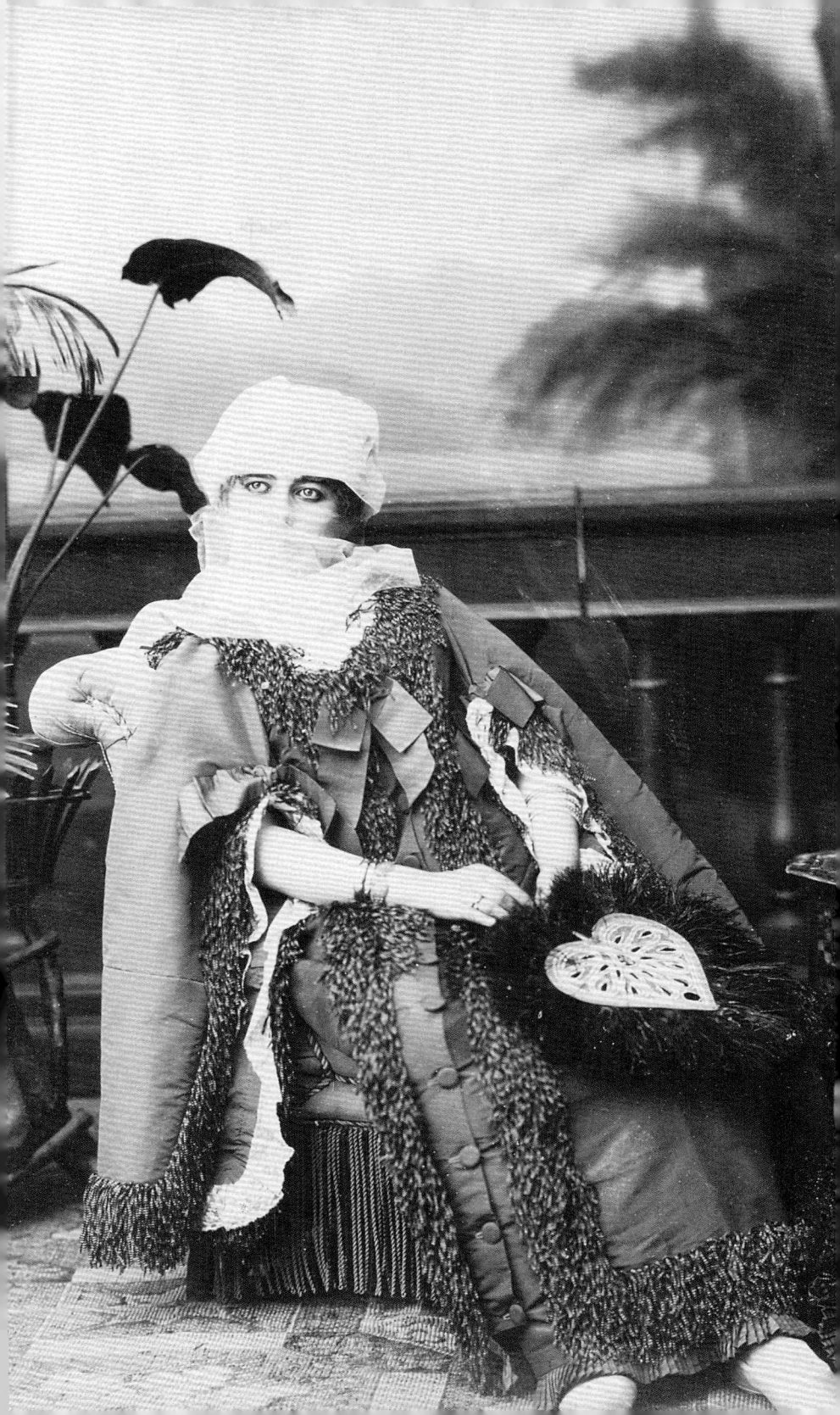

Lady Mary Wortley Montagu in einem türkischen Bad. Stich nach Daniel Chodowiecki, in: Montagu 1781/1991, Frontispiz. Abdruck mit frdl. Gen. des Department of Special Collections, Charles E. Young Research Library, UCLA

schen Frauen, dass die Engländerinnen älter aussähen, als sie tatsächlich waren. Die Engländerinnen dachten dasselbe von den Italienerinnen, und die Französinnen betrachteten sich als Inbegriff des guten Geschmacks. Die meisten waren der Ansicht, dass die Orientalinnen in ihrer Jugend sehr schön waren, ihre Gesichtshaut jedoch aufgrund von Müßiggang und übermäßigem Gebrauch kosmetischer Hilfsmittel vorzeitig ermüde.

Lady Montagu war die erste Autorin, die den zarten Teint, das schöne Kopfhaar und die wohlgeformten Brauen der Haremsfrauen bewunderte. Die schwarz umrandeten Augen der Türkinnen faszinierten sie, weniger hingegen die rosenrot gefärbten Fingernägel. Auch die Kleider und vor allem der Edelsteinschmuck versetzten sie in Entzücken. Und wenn sie in türkischen Bädern gar keine Kleidungsstücke sah, die sie hätte beschreiben können, schockierte sie ihre Leser mit der Bemerkung, dass sie die Frauen dort »im Stand der Natur, das heißt in klaren Worten mutternackend, keine Schönheit, keine Ungestalt verdeckt« erblickt habe[19].

Die 36-jährige Elizabeth Craven glaubte, dass »die Haut unter der Einwirkung der heißen Dämpfe ihre Spannung verliert, sodass diese Frauen mit 19 Jahren schon älter aussehen als ich jetzt. Um den Schaden, den sie ihrem Liebreiz durch das ständige Ein-

Die Mode im Harem 121

weichen zufügen, wieder zu beheben, müssen sie zu künstlichen Mitteln greifen.«[20]

Ida von Hahn-Hahn lobte die große Gastfreundlichkeit, die die Schwester und die Ehegattin des ägyptischen Ministers Rifat Pascha ihr gegenüber an den Tag gelegt hatten, ergänzte aber mit spitzer Feder, dass »wir auch nicht eine Spur von Schönheit gefunden haben«. Der Schwester des Pascha bescheinigte sie »ein überaus gutes und wohlwollendes Gesicht, aber es ist dermaßen fett und kugelrund, und ihre ganze Gestalt ist überhaupt von so frappanter Rundung, dass ich beständig an den Vollmond denken musste«. Hahn-Hahn schilderte die Beschaffenheit des Taftspenzers und des geschlitzten Rocks und fand »beide Kleidungsstücke so unbegreiflich eng, dass man sich wundert, wie diese Fülle der Formen darin Platz finden könne«[21].

Die Engländerin Emilia Hornby besuchte häufig die vornehmen Harems von Konstantinopel und empfing auch Türkinnen in ihrem Haus. Sie schwärmte für die hinreißenden *jaschmaks* und die prächtigen Mäntel in Lila und Grün. Über die Frauen, die sich im nahe gelegenen Tal des Süßen Wassers ein-

Emilia Hornby in ihrem Haus in Therapia nördlich von Konstantinopel mit Aussicht auf den Bosporus. Stich nach Mary Walker, in: Hornby 1863, 39

fanden, sagte sie: »Es gibt nichts ... von größerem Liebreiz als diese Frauen unter den Bäumen am Fluss. Stell sie dir vor, fünf oder sechs nebeneinander, die leuchtenden tiefschwarzen Augen hinter dem weißen Schleier, unter dem die Juwelen in ihrem Kopfschmuck hervorschimmern.«[22]

Ebenso bewunderte sie die jungen Mädchen, die »zu vollendeter Schönheit *herausgeputzt* werden ... Die Farbe ihrer Haut korrespondiert mit dem Weiß des Schleiers, und ihre Wangen zeigen den rosigen Hauch des Inneren einer Muschel.« Aber dann bemerkte sie süffisant, dass »die welke Haut gelb und ungesund aussieht, sodass man ihnen den *jaschmak* herunterreißen möchte, um diese empfindlichen Gesichter auslüften zu lassen«[23].

Die Faszination in Sachen Mode beruhte auf Gegenseitigkeit. Als Montagu 1717 in Sofia vor den badenden Frauen ihren Schnürleib enthüllte, wurde diese »Maschine« dem erfinderischen Genie ihres Ehegatten zugeschrieben. Mary Elgin fand sich 1801 an eine Passage in Montagus Berichten erinnert, als die Sultanin Walide ihr perlen- und paillettenverziertes Hofgewand bewunderte. Obwohl Elgin die Diamanten vermisste, fand sie die Walide vortrefflich gekleidet. Und wie die Frauen mit untergeschlagenen Beinen so entspannt auf dem Diwan sitzen konnten, blieb ihr ein ewiges Rätsel.[24]

Um 1850 gewann in Konstantinopel die westliche Kleidermode an Einfluss. Die türkischen Frauen studierten die Roben ihrer Gäste, durchforsteten Modemagazine auf der Suche nach dem letzten Schrei aus Paris und besuchten die neu eröffneten Häuser französischer Couturiers. Pantalons, Kaftane und Westen wurden durch tief ausgeschnittene Kleider mit Turnüren und Reifröcken ersetzt. Emily Beaufort meinte, Montagu wäre über die überspannte Mode der 1860er Jahre schockiert gewesen.[25]

In den 1870er Jahren trug die Orientalin der höheren Stände europäische Kleidung. Die Globetrotterin Lady Annie Brassey beschrieb den Aufzug von Mme Hilmeh Bey, der Tochter von Fuad Pascha, so: »[Sie] trug ein echt französisches Morgenkleid aus blauem Kaschmir, wundervoll mit Rosenzweigen gestickt, und dazu Halskrause und Ärmelrüschen aus Crepe-lisse; ihre von

Natur aus schwarzen Haare waren blond gefärbt und nach der neuesten Mode frisiert und aufgetürmt.«[26]

Die Emanzipation der Harems

Die Frauen der höheren Klassen ... beklagen alle aufs Tiefste ihr Los. Die Türken irren gewaltig, wenn sie glauben, ihre Ehefrauen und Töchter noch länger unterdrücken zu können. Lady Annie Brassey, 1880[27]

Im Laufe des 19. Jahrhunderts plädierten immer mehr Autorinnen für die Befreiung der Haremsfrauen, die sich ihrerseits für die europäischen Ideen eines freieren, erfüllteren Lebens gewinnen ließen.

Emily Beaufort nahm befriedigt zur Kenntnis, dass der Wandel zumindest die Harems der oberen Klassen erfasst hatte. Sie berichtete, dass Frauen »Französisch lesen und Pianoforte spielen, wenn sie nicht gerade mit allerlei Stickarbeiten beschäftigt sind. Und manche von ihnen singen und zeichnen sogar: Wir haben erfahren, dass eine der Pascha-Ehefrauen kürzlich den gesamten *Troubadour* auswendig vorgetragen hat.« Allerdings beunruhigte sie die Vorstellung, dass diese Fertigkeiten ausgerechnet durch französische Gouvernanten und *femmes de chambre* vermittelt wurden, die sie als Lehrerinnen für völlig inakzeptabel erachtete. »Waren sie früher nicht intelligent genug, sich mit ordentlichen, nützlichen Dingen zu beschäftigen«, erklärte Beaufort, »lebten sie doch zumindest in glücklicher Ignoranz all der Laster, denen sie jetzt verfallen sind.« Und sie folgerte, dass die Haremsbesuche eher Schaden anrichteten, »denn wenn sie sehen, dass wir frei sind, alles zu tun, was uns beliebt, glauben sie natürlich, dass wir uns unsere freie Zeit mit denselben Dingen vertreiben wie sie«[28].

Als Annie Brassey 1878 nach vierjähriger Abwesenheit nach Konstantinopel zurückkehrte, hatte sich einiges verändert. So kam ihr zu Ohren, dass Prinzessin Nazli, die fortschrittlich denkende Enkelin des Vizekönigs Mehmed Ali Pascha, nach der

»Ägypterinnen«, gezeichnet von Elizabeth Butler während ihres Aufenthalts in Ägypten 1885. Butler war bekannt für ihre realistischen, detailgetreuen Darstellungen militärischer Sujets. Butler 1909, 28

Einreise nicht mehr aus Ägypten herausgelassen worden sei. Verschleiert und mit geliehenem Geld hatte sie jedoch zusammen mit ihrer englischen Zofe entkommen können. Als Kairo nicht mehr zu sehen war, »[legte sie] ohne weiteres *jaschmak* und *feridjee* zur Seite, gab sich für eine Engländerin aus und nahm erst bei ihrer Ankunft in Konstantinopel ihre orientalische Tracht wieder an«. Brassey fügte hinzu, dass man eine Frau für dieses Vergehen vor wenigen Jahren in einen Sack eingenäht und in den Bosporus geworfen hätte[29].

Relativ wenige Westeuropäerinnen zeigten Bereitschaft, mit orientalischen Frauen über den formellen Haremsbesuch hinaus zu verkehren. Eine Ausnahme bildeten Lucie Duff Gordon sowie Sarah Belzoni, die zwischen 1815 und 1818 in Luxor und Assuan mitten unter den Frauen lebte und von den sprachlichen Verständigungsschwierigkeiten berichtete. Sie verurteilte die Neugier der Ägypterinnen als indiskret, betonte aber zugleich, dass sie liebenswürdige Gastgeberinnen waren. Ihre schlimmste Erfahrung machte sie in Karnak, wo sie mit sechs Frauen ein Zimmer teilen musste, nachdem sie vorübergehend ihr Augenlicht verloren hatte. Sarah war oft allein, weil ihr Ehemann Giovanni in Abu Simbel und Theben bei Grabungen weilte. Möglicherweise resultierte ihr kurzer, deprimierender Bericht aus diesem Gefühl der Verlassenheit.[30]

Die schweizerische Calvinistin Valérie de Gasparin hielt sich 1848 zusammen mit ihrem Ehemann in Ägypten und Syrien auf, um in christlichem Bekehrungseifer das Los der Frauen der niederen Stände zu verbessern. Auf Schritt und Tritt verteilte das Paar Nähzeug und religiöse Traktate an die Bevölkerung. Als sie sich in Assiut in Ägypten mit dem Elend und Analphabetentum der Bäuerinnen konfrontiert sah, erwog sie allen Ernstes, eine dieser Frauen zu kaufen und sie zum Christentum zu bekehren.[31]

DIE SICHT DER HAREMSFRAUEN

Sie neiden uns unsere Bildung und unsere Unabhängigkeit und leiden darunter, ein Leben zu führen, das ihnen nicht die geringste Aussicht auf eine Erziehung bietet. Isabel Burton, 1875[32]

Häufig spekulierten die Europäerinnen darüber, was wohl die Frauen im Orient von ihnen halten mochten. Eine sehr hübsche, plausible Antwort darauf liefert uns Annie Brassey, die 1880 in der algerischen Stadt Constantine einer jungen Frau unverhohlen ihre Bewunderung bezeugte. Die Frau sagte daraufhin: »Sie betrachten uns, und wir betrachten Sie. Für uns sind Sie genauso exotisch, wie wir es für Sie sind.« Wie Brassey bemerkte, »brannten sie und ihre Freundinnen darauf, zu erfahren, was wir so alles getan und gesehen hatten«[33].

Prinzessin Maria Theresa Asmar von Mesopotamien schilderte in ihren *Memoirs of a Babylon Princess* (1844) eine Begegnung mit Hester Stanhope im Libanon. Sie war überrascht über die schlanke, maskuline Erscheinung, die sich ihr schließlich als Frau zu erkennen gab. Im Verlauf ihrer häufigen Diskussionen sprach Stanhope über die Vorsehung, während Asmar versuchte, wenn auch vergeblich, ihre Reiseabsichten und ihr Bestreben kundzutun, in Europa die »christlichen Tugenden« selbst einmal in Augenschein zu nehmen. Stanhope, die aus ihrer Verachtung für das europäische Christentum kein Hehl machte, riet ihr allerdings eindringlich, im eigenen Land zu bleiben.[34]

Die meisten orientalischen Frauen befremdete die Idee, ins Ausland zu reisen. Als Valérie de Gasparin einer Frau in Kairo erzählte, sie habe Griechenland auf dem Pferderücken durchquert, seufzte diese: »Europäische Frauen sind wie Männer!« In einem anderen Haus hatte die bekennende Kinderlose Gasparin ihre bevorstehende Jerusalemreise erwähnt. Daraufhin fragte die Gastgeberin, ob sie sich davon Kindersegen erhoffe. (Frauen, die heute in den Nahen Osten reisen, müssen sich häufig ähnliche Fragen gefallen lassen.) Die jüngste Tochter des Vizekönigs prophezeite Gasparin eine Fehlgeburt, falls sie den Weg nach Syrien

Eine Perserin aus Kaschan. Holzschnitt nach einem Foto von Jane Dieulafoy. Dieulafoy, in: Tour du monde 46, 1883, 111

auf dem Kamelrücken zurücklegen wolle. Alle waren voller Mitgefühl, weil sie dachten, Gasparin werde von ihrem Ehemann zu dieser Reise gezwungen.[35]

Während Jane Dieulafoy eine Fotositzung mit zwei Perserinnen vorbereitete, sprachen diese über die Frauen von Farangistan. Dieulafoy schnappte von ihrer Unterhaltung auf, dass »die Frauen in Farangistan ... viel unglücklicher sind als wir. Sie werden von ihren Männern zum Arbeiten gezwungen.« Allem Anschein nach fanden die Orientalinnen das Leben der europäischen Frauen nicht gerade beneidenswert.[36]

Je mehr Bildungschancen die Orientalinnen hatten und je mehr ihr Wirkungskreis sich erweiterte, desto mehr wurden sie es wohl leid, Fremden als Studienobjekte zu dienen. Als die Amerikanerin Anna Bowman Dodd 1902 nach Konstantinopel kam, hatte der Sultan den Harem für Ausländerinnen gesperrt, und das fanden die Damen, so wurde kolportiert, auch besser so. Lassen wir eine von ihnen zu Wort kommen:

> Warum sollten wir Amerikanerinnen oder Engländerinnen empfangen, die wir nicht kennen? Wir tragen nicht mehr unsere traditionelle Tracht. Wir kleiden uns wie sie, nur luxuriöser. Sie tragen sogar ihre Musselinkleider in der Öffentlichkeit. Würde sich etwa eine von uns so einfach gekleidet außer Landes wagen? Sie kommen, um uns zu sehen, sie begaffen uns und schauen uns zu, als ob wir im Theater wären. Sollten wir vielleicht unsere traditionellen Gewänder anziehen, sollten wir uns in die alten türkischen Gemächer zurückziehen, um ihnen zu gefallen? ... Ich kleide mich wie diese Frauen, ich rauche Zigaretten wie sie, und meine Gemächer sind eine möglichst genaue Kopie der ihren.[37]

IM 20. JAHRHUNDERT

Habara und Schleier sind übrigens nicht Bestandteil unserer Religion. Man wird sie bald abschaffen, in den nächsten Jahren oder schon in den nächsten Monaten, aber nicht aufgrund dessen, was sie sind, sondern, was sie darstellen. Sie sind sehr kleidsam, und die Frauen trennen sich nicht gerne von ihnen.
Mme Saad Saghlul Pascha, zitiert bei Grace Thompson Seton, 1923[38]

Mme Saad Saghlul Pascha, eine ägyptische Aktivistin, gab Grace Thompson Seton 1919 ein Interview. Seton 1923, 21

Um 1900, als nach den Entdeckern, Händlern, Diplomaten und Abenteurern mit den Pauschaltouristen die nächste Welle Fremder aus Europa herüberschwappte, kam es im Orient zu einem radikalen Wandel.

Ägypten befand sich im dritten Jahrzehnt des Protektorats. Mitarbeiter der britischen Verwaltung hatten inzwischen auch ihre Ehefrauen ins Land geholt. Die britischen Beamtenfrauen mieden den Kontakt zu den einheimischen Frauen. Sie blieben unter sich, abgeschottet gegen den Rest der Welt. Französinnen und Italienerinnen ließen sich in Ägypten kaum noch sehen. Gertrude Bell urteilte über die britischen Beamtenfrauen im Irak: »Sie haben keinerlei Interessen, können kein Wort Arabisch sprechen und gehen den Arabern aus dem Weg. Sie formen eine exklusive (und sehr mittelmäßige) englische Gesellschaft ohne Bezug zum Alltag der Stadt.« Freya Starks Absicht, in Bagdad in einem irakischen Haus zu leben, löste in der Ausländergemeinde einen regelrechten Skandal aus.[39]

Eine moderne ägyptische Familie: die Keladas aus Kairo, späte 1920er Jahre.

Seit der Harem des türkischen Sultans 1909 aufgelöst worden war, gehörten Haremsbesuche der Vergangenheit an, obwohl der Harem als Rückzugsort für Frauen bis heute existiert. Doch die europäischen Autorinnen gingen immer mehr dazu über, die ägyptischen, türkischen und syrischen Frauen als Individuen zu zeichnen.

Im Verlauf ihres Syrienaufenthalts in den 1920er Jahren schuf Rosita Forbes anschauliche Porträts ihrer syrischen Bekannten, die – erst gegen die Türken, dann gegen die Franzosen – für die Befreiung des Landes und ihrer selbst gekämpft hatten. Forbes bewunderte die Gelassenheit dieser Frauen zwischen den beiden Fronten. Auf die Frage, wie sie den Gedanken an ihre bevorstehende Zwangsheirat mit einem älteren Mann ertragen könne, erwiderte ihre Freundin Zarifa: »Die Männer sind nicht so wichtig, wie du denkst!« Im Gespräch mit einer anderen Freundin sprach Forbes von der »idealen Ehe. Ich erzählte ihr von gegenseitiger Liebe, Kameradschaft, gemeinsamen Interessen, von Zusammengehörigkeit und davon, dass ein Engländer von seiner Ehefrau erwartet, dass sie mit ihm Golf spielt und auf die Jagd geht, dass sie Spiel und Arbeit mit ihm teilt.« Ihre Freundin fragte erschrocken, ob denn alle »europäischen Ehemänner so anstrengend« seien.[40]

Die Amerikanerin Grace Thompson Seton war eine der Frauen, die mit dem Ziel in den Orient reisten, über den Fortschritt der Emanzipation der dortigen Frauen zu berichten. In ihrem Buch *A Woman Tenderfoot in Egypt* schildert sie die Frauenbewegung in Ägypten seit 1911 und stellt die Mitglieder der 1919 gegründeten Frauenabordnung The Ladies' Delegation of Independence vor. Sie gab zu, dass es auf ihre Leser sehr überraschend wirken müsse, dass ehemalige Haremsfrauen für die Emanzipation plädierten. Aber es gab diese Frauen, und ihre Einstellung war teils eine Folge des Ersten Weltkriegs, der Frauenbewegung in anderen Ländern und des zunehmenden Wohlstands. Als besonders aktiv taten sich übrigens die im Lande gebliebenen Ehefrauen exilierter Rebellen hervor.

Für die Frauen der westlichen Welt war der Harem ein Spiegel, der ihnen zeigte, was sie hinsichtlich ihrer eigenen Unabhängigkeit erreicht hatten und welch langer Weg noch vor ihnen lag. Bis ins 19. Jahrhundert hinein bezeichneten Schriftstellerinnen Harem und Schleier als Attribute eines sorgenfreien und freiheitlichen Daseins. In den 1840er Jahren kristallisierte sich dann das Bild des Harems als eines Käfigs heraus und besannen die Europäerinnen sich auf die Vorzüge ihrer eigenen Lebensbedingungen. Wir müssen ihnen Glauben schenken, denn der Harem, so wie sie ihn schilderten, existiert heute nicht mehr. Obwohl uns die Autorinnen kein einheitliches Bild vermitteln, widersprechen sie doch allesamt einer Fantasie, die bis heute überdauert hat – der vom Harem als Symbol orientalischer Pracht und Sinnlichkeit.

Zwei Jahrhunderte lang war die Berichterstattung aus den Harems ein weibliches Privileg, das es ihnen gestattete, über die äußeren Aspekte der Haremskultur zu berichten, insbesondere Mode und häusliches Leben. Gleichzeitig unterlagen die Verfasserinnen einer strengen Zensur und konnten sich durch eine unbedachte Wortwahl schnell in Verruf bringen. Andererseits war es aber schon ein Fortschritt, dass Frauen ihre Reiseberichte überhaupt publizieren konnten.

EINE BEWUNDERIN DES HAREMS
Lady Mary Wortley Montagu (1689–1762)

Lady Mary Wortley Montagu mit ihrem Sohn Edward Wortley Montagu und Bediensteten. Jean Baptiste Vanmour, um 1717 (zugeschrieben).

Abdruck mit frdl. Gen. der National Portrait Gallery, London (3924)

Ihre Berühmtheit verdankte Lady Mary Wortley Montagu dem Umstand, dass sie ihren Ehegatten, den britischen Botschafter Edward Montagu, 1716 zu den europäischen Friedensverhandlungen mit dem Sultan nach Konstantinopel begleitet hatte. Freilich war Lady Mary nicht im mindesten darauf aus, Edward bei seinen offiziellen Verpflichtungen beizustehen. Dabei hätten ihm ein paar gute Ratschläge gewiss nicht geschadet, zumal man ihn bald aufgrund seiner unzureichenden Leistungen in die Heimat zurückbeorderte. In ihren Briefen war von Edwards diplomatischen Aktivitäten bemerkenswert selten die Rede (im Grunde genommen schwieg sie sich darüber aus), woraus man wohl schließen darf, dass sie von seinem diplomatischen Geschick nicht allzu viel hielt. Vielleicht war genau dies der Ansporn für sie, der abendländischen Welt im weiblichen Alleingang die Schönheit und Harmonie des Orients vor Augen zu führen, also ebenjener Region, die ihrer Meinung nach verkannt wurde. Dass sie in der Türkei nur in den höchsten Kreisen verkehrte, hielt sie nicht davon ab, ihre Beobachtungen über die gesellschaftlichen Verhältnisse und die Freiheit der türkischen Frau zu verallgemeinern.

Nach dem Vorbild der Orientalinnen, die sie bewunderte, ließ Lady Mary sich 1717 im türkischen Gewand porträtieren. Bald darauf legten auch andere europäische Frauen der Oberschicht wie z. B. Hélène Glavani, Maria Adelaide de Francia und Maria Gunning, Gräfin von Coventry, die noch nie einen Gedanken an eine Reise nach Konstantinopel verschwendet hatten, die kleidsame Tracht der türkischen Frauen an und standen Künstlern mit der Vorliebe für orientalistische Sujets, wie Jean-Étienne Liotard, Modell. Der Haremsstil – also die Mode der Frauen, die nach Lady Marys Worten »... vielleicht freier als alle übrigen des Erdbodens [waren]«[41] – hatte die abendländische Welt erobert.

Alles, was Lady Mary in den Harems und Bädern in Sofia, Adrianopel und Konstantinopel beobachtete, schrieb sie ohne Umschweife in der Form höchst unkonventioneller Briefe nieder. Ab 1724 zirkulierten sie im Freundes- und Bekanntenkreis, 1763 erschienen sie im englischen Original, 1784 unter dem Titel *Briefe aus dem Orient* auch in deutscher Sprache, und sie wurden immer wieder neu gedruckt und aufgelegt. Sechs Biografen befassten sich mit Lady Mary Montagus Leben, und ihr Name findet sich in den meisten Anthologien der Reiseliteratur.

BOTSCHAFTERINNEN DER MODE
Lady Elizabeth Craven (1750–1828) und
Ida von Hahn-Hahn (1805–1880)

Auf Betreiben ihres Ehemanns des Landes verwiesen, reiste die untreue, aber vermögende Lady Elizabeth Craven in den liberalen 1780er Jahren durch Europa, Russland und die Türkei. Ihr Werk *Lady Elisabeth Craven über eine Reise durch die Krim nach Konstantinopel* erschien in Form einer Briefsammlung an den »lieben Bruder«, den Markgrafen von Anspach, der in Wahrheit ihr Liebhaber war. Dank dieses Buches eilte ihr, wohin sie auch kam, der Ruf voraus, eine freimütige Kritikerin weiblicher Kleidung und Lebensart zu sein, die gnadenlos den geringsten Fehler bemängelte.

Lady Elizabeth Craven.
Stich nach George Romney, in: Paston 1901, 137

Bei einem Aufenthalt als Gast des französischen Gesandten in Konstantinopel, des Grafen von Choiseul-Gouffier, wurde Elizabeth Craven, wie sie selbst berichtet, viel Aufmerksamkeit zuteil. Während ihrer Begegnung mit der Gattin des Capudan Pascha gewann sie den Eindruck, die Frauen dieses Harems trachteten mit allen Mitteln danach, sich ihrer naturgegebenen Schönheit zu entledigen. Und das ständige Baden und Umkleiden der türkischen Frauen sah sie als einen höchst sonderbaren Zeitvertreib an.[42]

Die deutsche Gräfin Ida von Hahn-Hahn, Verfasserin der *Orientalischen Briefe* (1844), füllte mit ihrer Korrespondenz aus Ägypten, Jerusalem und Konstantinopel ebenfalls Bände. Obgleich von adligem Stande, verdiente sie sich ihren Unterhalt, indem sie Romane, Gedichte und – natürlich – Reiseberichte verfasste. Genau wie Craven führte sie ein skandalumwittertes Leben, und sie dachte nicht nur liberal, sondern war auch geschieden und hatte einen Sohn mit einem gewissen Baron von Bystram, der sie auf ihren Reisen begleitete. Und wie Craven tat auch sie ihre Meinung offen kund. Ein Rezensent schrieb einmal über sie: »Die Dame begeht den Fehler, stets laut zu sagen, was sie denkt.«[43]

Nach Bystrams Tod konvertierte die Protestantin Ida von Hahn-Hahn 1850 zum Katholizismus, gründete ein Kloster und distanzierte sich von ihrem Frühwerk.

FOLGENDE DOPPELSEITE:
»*Engländerinnen in Kairo: Bei den heulenden Derwischen in der Mohammed-Ali-Moschee*«. Zeichnung von W. H. Overend, in: *Illustrated London News*, 4. Februar 1893, 148–149

Ich frage mich, liegt es am Klima oder an der Kleidung, dass die englischen Dienstmädchen ständig nach den arabischen Männern schmachten? Lucie Duff Gordon, 1865

West-östliche Begegnungen
LIEBE UND FREUNDSCHAFT

LUCIE DUFF GORDON hatte allen Grund, amourösen Dienstmädchen zu zürnen, denn ihr eigenes, die dreißigjährige Sally Naldrett, hatte gerade von ihrem Dragoman Omar Abu Halawy ein Kind bekommen. Dieses Techtelmechtel sorgte in Lucies ägyptischer Bekanntschaft für einigen Wirbel, und bald kamen weitere Liebesgeschichten dieser Art ans Tageslicht. Ein Führer schwor, nie eine weibliche Reisegruppe zu übernehmen, denn die Damen hätten immer ihre Zofen dabei. Egal, ob man ihren Avancen erliege oder standhaft bleibe – Ärger gebe es in jedem Fall. Irgendetwas in Ägypten, bemerkte Duff Gordon, lasse die Mädchen vergessen, wo sie hingehörten.*

Die Engländerin Jane Digby, die auf ihren Reisen durch Europa und Syrien in den 1840er und 1850er Jahren selbst etliche Affären hatte, war sogar direkt betroffen. Ihre Kammerzofe Eugénie nutzte die ungewohnte Unabhängigkeit so weit aus, dass sie mit dem Mazedonier Xristodolous Hadji-Petros und vielleicht auch mit dem syrischen Scheich al-Barak ins Bett ging – beide Janes Liebhaber. Eugénie trug wie Jane Männerkleider und ritt wie sie im Herrensitz. Sie musste gespürt haben, dass mit dieser Art zu reisen ihr Sta-

Ahmed Hassanein, mit dem Rosita Forbes 1921 nach Al-Kufra (Libyen) reiste. Hassanein 1925, Frontspiz

---

* Lucie Duff Gordons Briefe nach Hause erschienen als *Letters from Egypt* und *Last Letters from Egypt*. Ihre Bemerkungen über Sallys Schwangerschaft blieben allerdings bis 1969 unveröffentlicht.

Liebe und Freundschaft

tus stieg; sie war ihrer Herrin sicherlich nicht ebenbürtig, genoss aber eine größere Bedeutung als in Europa, wo sie nur eine unter vielen Bediensteten gewesen war.[1]

Abgesehen von Kammerzofen – und von Jane Digby, was das anbetrifft – benahmen sich die meisten reisenden Frauen in Liebesdingen untadelig, was jedoch nicht heißt, dass sie an den orientalischen Männern nicht Gefallen gefunden hätten.

Frauen aus Europa hatten auf ihren Reisen mit einheimischen Männern häufig und unmittelbar zu tun – mit Gastwirten, Begleitern von Karawanen, Janitscharen (türkische Soldaten), den Konsuln vor Ort und vor allem mit ihren Dragomanen, mit denen sie längere Zeit unterwegs waren. Dass die Frauen mit ihnen Kameradschaft schließen konnten, muss beide Seiten überrascht haben. In ihren Berichten geben die Frauen den Männern oft ein individuelles, genau gezeichnetes Gesicht, nennen sie beim Namen und schildern ihre Persönlichkeit, wohingegen ihre Beschreibungen orientalischer Frauen oft blass bleiben.

Mit der Fahrt in den Orient streiften die Frauen gesellschaftliche Fesseln ab, radebrechten in fremden Sprachen und ernteten dafür Lob. Und die Männer dort stellten ihnen, wie Prinzessin Cristina di Belgiojoso erfuhr, Fragen über das, was in der Welt vor sich ging, und holten ihre Meinung ein. Frauen legten eigenmächtig fest, wie und wohin sie reisen wollten, und ihre Entscheidungen wurden nicht schon deshalb angezweifelt, weil eine Frau sie getroffen hatte. Auch dass sie ihren eigenen Geldbeutel verwalteten, spielte natürlich eine nicht zu unterschätzende Rolle.

So etwas wie diese Europäerinnen hatten die orientalischen Männer noch nie gesehen. Trotz ihres unleugbar weiblichen Körperbaus wirkten sie seltsam unabhängig – wie konnten sie sonst reisen und zudem oft reiten wie ein Mann! Die Kleidung, die sie trugen, passte teils zum einen, teils zum anderen Geschlecht: Auf geheimnisvolle Weise waren sie weder Frau noch Mann.

Emily Beaufort erzählt von einer Erfahrung, die sie 1859 in Palästina machte: Mit ihrem Zeichen

»Besteigung der Großen Pyramide«. Stich nach C. Rudolf Huber, in: Ebers 1883, Bd. 1, 147

Hester Stanhope im vollen Türkenornat. R. J. Hamerton (zugeschrieben), in: Meryon 1846, Bd. 1, Frontispiz

im Freien hatte sie eine große Menge angelockt, die über ihr Geschlecht in Streit geriet. Als sie aufstand und »sie meinen kleinen Wuchs, mein langes Reitkostüm und meinen Hut sahen, den sie sehr bewunderten, machte sich Erstaunen breit«. Man sei sich dann einig geworden, dass sie ein Mann und keine Frau sei. Beaufort hatte sie mit ihrem Tun und ihrer Erscheinung durcheinander gebracht.[2]

Lady Hester Stanhope freute sich an dem Eindruck, den sie bei türkischen Würdenträgern in Konstantinopel hinterlassen hatte: »Wann hatten je vier Türken … eine Christin besucht und mit ihr gespeist? Ich trug das Schwert mit einer Miene, dass ich alle im Handstreich eroberte, und sie fangen an, ihre Frauen ziemlich dumm zu finden, so behaupten sie jedenfalls, und Männer sind schlechte Lügner.« Ihre ausgeprägte Selbstgefälligkeit erhielt weitere Nahrung: »Die Türken beurteilen eine Person auch danach, ob sie gut oder schlecht *reitet*; und da sie nie eine Frau anders als im Schritt und nie das temperamentvolle Pferd des großen Pascha haben reiten sehen, folgern sie, dass ich wirklich ganz außergewöhnlich sein muss.«[3]

Für eine Frau, die es nur allzu gewohnt war, sich den Männern unterzuordnen, war dieser Vorstoß in ein nahezu geschlechtsloses Reich eine erhebende Erfahrung. Belgiojoso, die sich ihre Unabhängigkeit durch persönlichen Wohlstand erkauft hatte, sah darin auch eine Gefahr:

> Ich meine nicht, dass ein solches Reisen auf Kamelen in Wüstenländern und unter Arabern dazu beitragen kann, Herz und Seele dieser jungen Frauen zu bilden, die für ein Leben in einer anderen Hemisphäre und einer ganz anderen Gesellschaft oder Zivilisation bestimmt sind, noch dass es ihnen helfen kann, unterwürfige Mädchen, treue Gattinnen oder gute Mütter zu werden.[4]

Durch Reisen konnte eine Frau ihrer Gesellschaft für einen Monat oder vielleicht ein Jahr entfliehen, doch irgendwann galt es zurückzukehren. Belgiojoso wusste, wie schwer es für eine junge Frau war, sich danach wieder in das beschränkte Leben in Europa zu fügen. Doch auch die Alternative verhieß Probleme: Wer den gesellschaftlichen Zwängen trotzte, war zu einem Leben als Außenseiterin verurteilt. Isabel Burton sah das genauso: »Das Leben im Orient macht dich untauglich für das Leben in Europa.«[5]

Sexappeal

Der Reiz der Basare [von Bagdad] liegt in der Vielfalt der Rassen und Gewänder und im herrlichen Körperbau der Mehrzahl der Männer. Der Europäer verliert sich im »Nirgendwo«. Isabella Bird, 1891[6]

Fraglos gab es auch eine gewisse körperliche Anziehung. Die traditionelle Männerkleidung galt als kühn und wild. Ohnehin imposante Erscheinungen wirkten durch einen Turban noch größer, wohlproportionierte Körper durch eine bunte, fest um die Taille geschlungene Schärpe noch reizvoller. Angesichts der Schnurrbärte, schwarzen Augen und hellen Haut der syrischen Männer rief Gustave Flaubert aus, wäre er eine Frau, würde er »eine Vergnügungsreise nach Damaskus« machen. Belgiojoso vermisste hinter der Schönheit jedoch den Verstand und erklärte, in den Gesichtern der Männer spiegele sich nichts als »der lebhafte, kraftvolle Ausdruck brutaler Leidenschaft«[7].

Alexine Tinne schreibt über einen Trupp Männer, die, in fliegende Gewänder gehüllt, 1869 auf ihren Kamelen durch die Libysche Wüste jagten: Eine solche Szene bringe das Blut in

Wallung, »und wenn [diese Männer] so in voller Pracht nach Europa kämen, würde sicher manches Mädchen für die hübschen, ach so ungestümen Tuareg entflammen, und mancher junge Mann würde sich ihnen nur allzu gern anschließen«. In Südägypten genoss Lucie Duff Gordon zusammen mit »hübschen, kohlrabenschwarzen Männern mit Zügen so schön wie der junge Bacchus« ein Sorbet[8].

Die nubischen Seeleute auf dem Nil lenkten den Blick auf ihre männlichen Körper, denn sie waren nur spärlich bekleidet und entblößten sich, wenn sie vom Boot aus tauchten, sogar ganz. Über dieses Schauspiel heißt es bei Valérie de Gasparin:

> Da ich das Glück habe, kurzsichtig zu sein, kann ich mir in dieser Sache vielleicht kein Urteil erlauben. Doch ich meine, dass die Sittsamkeit weniger darunter leidet, einen vollkommen schwarzen Nubier im Wasser zu sehen, als einhundert schamlos weiße Statuen zu betrachten, die in vollem Sonnenlicht in den Galerien von Rom oder Neapel aufgereiht sind. Und doch habe ich genau die Frauen, die wegen eines badenden Nubiers in Ohnmacht fallen, mit weit aufgerissenen Augen durch die Akademien laufen sehen![9]

Eine Mme Fagnani war bei ihrem Aufenthalt in Konstantinopel 1875 ganz hingerissen von den Leibwächtern des Sultans

> in den prachtvollsten einheimischen Kostümen, die man sich nur vorstellen oder mit Geld beschaffen kann. Albaner, die für Apoll oder den olympischen Jupiter hätten Modell stehen können, geschmückt mit schneeweißen Fustanellen [knielange Faltenröcke], Samtjacken mit glitzernden Goldstickereien, Pistolen und Säbeln …, bewegten sich in der Menge, als fühlten sie sich der gottgleichen Rasse von Hellas zugehörig. Beduinen aus der Wüste, den malerischen Burnus umgelegt, Drusen und Maroniten, Smyrnioten und Armenier, Griechen und Türken, Mohammedaner und Christen kamen und gingen, alle in die herrlichsten Kleider gehüllt, die nur irgend erhältlich waren.[10]

»Der Dragoman von Mr Moore, dem englischen Konsul in Beirut«, 1841. Wilkie zeichnete auch Mrs Moore (s. S. 71).
Wilkie 1843, Bild 14

The Dragoman of Mr Moore English Consul at Beyrout

Diese Ehrfurcht hielt auch näherer Betrachtung stand. Die Burtons z. B. pflegten 1869 in Damaskus Umgang mit dem bewunderten algerischen Rebellenführer Abd El Kader. Isabel, die einen Sinn für Männerschönheit hatte – auch ihr Auserwählter, Ehemann Richard, war ein flotter Typ –, fand Worte überschwänglichen Lobs für Abd El Kader:

> Eine breite Stirn mit markanten, geraden Augenbrauen, große, dunkelbraune Augen – funkelnd und durchdringend und doch voller Sanftmut und Geist – und ein Hautton, nicht von blassem Oliv, sondern einem lebhaften, warmen Braun, fügen sich zu einem überaus attraktiven Gesicht. Er hat eine griechische Nase, einen fein geschnittenen, gleichwohl entschlossenen Mund, ein breites Kinn und zwei strahlende Zahnreihen. Seine Hände und seine ganze Erscheinung zeugen von Temperament, und würdige Haltung und kühle Selbstbeherrschung zeichnen sein Leben aus … Wer ihm zu Pferde begegnet und nicht weiß, dass er Abd el Kadir vor sich hat, sieht ihn doch aus einer Million hervorstrahlen … Sein Verstand ist so schön wie sein Gesicht – jeder Zoll ein Sultan.[11]

Isabel verbrachte viele ruhige Abende auf den Dachgärten von Damaskus und lauschte den gelehrten Gesprächen zwischen Abd El Kader und Richard und Jane Digby, die alle mit größter Leichtigkeit die Sprachen wechselten.

Auch Olympe Audouard war, nachdem sie mit ihm in Ägypten durch einen Sandsturm gezogen war, von Abd El Kader beeindruckt. Sie hielt ihn für einen »überragenden Mann. Er ist sehr intelligent mit einem genauen, lebhaften und brillanten Verstand. Er hat einen sehr liebenswerten Charakter und nimmt mit seiner würdigen, gütigen Ausstrahlung für sich ein. Sein Auftreten ist nobel und stolz, und er sieht immer noch gut aus.« Abd El Kader war für sie der Inbegriff orientalischer Liebenswürdigkeit, die sich in Verhalten und Sprache ausdrückte.[12]

UNGEWOHNTER RESPEKT

Bevor ich Türken begegnet bin, wusste ich nicht, was Höflichkeit ist. Lady Mary Elgin, 1799[13]

Was die Männer des Orients für eine Frau aus Europa besonders anziehend machte, war ihre Höflichkeit, ihre beispiellose Ehrerbietung auch im alltäglichen Umgang. Die Gunstbezeugungen eines orientalischen Mannes nahm sie freudig überrascht entgegen, während sie einem Landsmann, der ihr auf ähnliche Weise huldigte, gewisse Absichten unterstellt hätte.

Abd El Kader.
Stich nach E. Ronjat, in: Lortet, in: *Tour du monde* 44, 1882, 384

Olympe Audouard schenkte allen Komplimenten bereitwillig Glauben. Aus jeder Seite ihres Buches *Les Mystères de l'Égypte dévoilés* spricht die Überzeugung, eine besondere Behandlung erfahren zu haben. Ein Beduinenscheich, mit dem sie diniert hatte, sagte ihr zum Abschied, so wie eine Blume einen zarten, süßen Duft zurücklasse, so süß und beständig werde auch sie in seinem Gedächtnis bleiben. »Ein Mann aus Paris hätte keine reizenderen Worte finden können«, meinte sie.[14]

Lady Mary Wortley Montagu war von den Aufmerksamkeiten ihres Gastgebers in Adrianopel, Achmet Bey, ebenfalls sehr angetan. »Er ist im besten orientalischen Sinne wohlerzogen … Du kannst dir nicht vorstellen, wie sehr er die Freiheit eines Gesprächs mit mir genießt.« Achmet Bey mag die Konversation genossen haben, doch dass sie so frei geführt wurde, gefiel natürlich auch Lady Mary. Sie ergriff die Gelegenheit und sprach mit ihm über Literatur und Sitten des Orients, insbesondere über die »Gefangenschaft« der Frauen, die es ihnen doch erlaube – so versicherte er ihr –, ihre Männer getrost zu betrügen.[15]

Die meisten Frauen bewunderten die Manieren der Orientalen, ohne darin mehr zu sehen als die Höflichkeit, die ihnen ihre Kultur gebot. Hester Stanhope hielt die Beduinen für noch zuvorkommender als die Türken. Gertrude Bell hingegen bekannte auf ihrer Reise durch die Südtürkei 1905, sie sei »dem Türken hoffnungslos verfallen; er ist der bezauberndste unter den Sterblichen«. Belgiojoso indes kam zu der Erkenntnis, diese Höflichkeit werde gewährt, weil »ein Muslim untröstlich wäre, wenn er die Gesetze der Gastfreundschaft außer Acht gelassen hätte«. Louisa Jebb und ihre Freundin X fühlten sich behandelt wie »Prinzessinnen, denen man Hände und Füße küsst, deren Wort Gesetz ist«[16].

Das Feingefühl vieler orientalischer Männer mag gelegentlich eine Frau verleitet haben, sich mehr zu öffnen als üblich. So beobachtete Pierre Loti bei einem Kairobesuch 1908 eine Gruppe von etwa zwanzig Touristen, die jeweils in Begleitung eines Bediensteten auf einem Maultier ritten. Den Abschluss des Zuges bildete,

> soweit dies im Mondlicht zu erkennen war, eine Frau in reiferen Jahren und trotzdem in bestem Einvernehmen mit ihrem Treiber, der sie mit jener rührenden Sorge, die eine Eigenheit dieses Landes ist, mit beiden Händen von hinten auf ihrem Sattel stützt. … Diese gute Frau gehört offenkundig zu der großen Menge ausdauernder weiblicher Forschungsreisender, die sich, obwohl zu Hause höchst respektabel, nicht scheuen, sobald sie an den Ufern des Nils gelandet sind, die Behandlung durch Sonne und trockene Winde um eine kleine »Beduinenbehandlung« zu ergänzen.[17]

DRAGOMANE

Sollte ich fern von euch allen sterben, sorgt ihr hoffentlich mir zuliebe für Omar; ich kann mir gar nicht vorstellen, wie ich ohne seine treue und liebevolle Betreuung zurechtkäme. Lucie Duff Gordon, 1865[18]

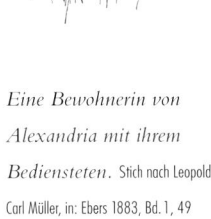

Eine Bewohnerin von Alexandria mit ihrem Bediensteten. Stich nach Leopold Carl Müller, in: Ebers 1883, Bd. 1, 49

Frauen aus Europa nahmen sich häufig ihrer Dragomane, Janitscharen, Führer oder anderer Männer aus ihrem Gefolge an. Sie verließen sich darauf, dass diese Männer sie sicher auch durch Regionen geleiteten, in denen Gefahren lauerten oder die ihnen zumindest nicht vertraut waren. In Europa wären sie von anonymen Fuhrknechten in Kutschen von einer Poststation zur nächsten befördert worden. Am nächsten kam dem Dragoman noch der europäische *vetturino*, ein Begleiter, der für die Dauer einer Reise angeheuert wurde, doch auch er kümmerte sich nicht um all die kleinen Dinge, mit denen ein Dragoman fertig werden musste.

Marianne-Elisa de Lamartine, die nach Jerusalem pilgerte, während ihr Mann in Jaffa dem Müßiggang frönte, war von der Anteilnahme ihres Begleiters geradezu gerührt. Sie schreibt: »In der Tat, wir konnten die ausnehmende Aufmerksamkeit und ausgesuchte Höflichkeit dieses Janitscharen nicht genug loben. Beständig mit der arabischen Stute beschäftigt, die ich ritt, schien er entsetzt, wie ich es wagen konnte, sie anzuspornen, und begriff nicht, wie ich im Stande war, mich auf den steilen Wegen, die wir erklommen, im Gleichgewicht zu halten.« Und weiter oben

»Auf dem Weg zum versteinerten Wald«. Grace Thompson Seton auf Adelia (Mitte), »die Dichterin« auf George Washington (rechts) und ihr Dragoman Shehata auf Abe Lincoln (links). Seton 1923, 163

heißt es: »Die Achtung der Muselmänner gegen europäische Frauen sticht merkwürdig ab gegen die Abhängigkeit, in der sie die eigenen halten.«[19]

Lucie Duff Gordon belauschte ihren Dragoman Omar, wie er sie und ihre Tochter Janet Ross – damals *Times*-Korrespondentin in Alexandria – gegenüber dem Ägypter Seleem Effendi pries:

> Bei meiner Seele, [Janet] reitet wie ein Bedawee (Beduine), sie kann mit dem Gewehr und der Pistole schießen und ein Boot rudern. Sie spricht viele Sprachen, arbeitet mit der Nadel wie ein Ifrit, und ihre Hände über die Zähne des Musikkastens (die Pianotasten) laufen zu sehen verblüfft den Verstand, während ihr Gesang die Seele beglückt. … Und was meine Lady angeht, es gibt nichts, was sie nicht weiß. [Oft] gehe ich zum Diwan und sage zu ihr: »Brauchen Sie etwas, eine Pfeife, ein Sorbet oder so etwas?«, und ich rede so lange, bis sie ihr Buch niederlegt und mit mir spricht, und ich frage sie und erquicke meinen Geist, und, bei Allah!, wäre ich ein reicher Mann und könnte einen englischen Harem wie diesen heiraten, würde ich vor sie hintreten und ihr dienen wie ein Mameluck.[20]

Omar überraschte Duff Gordon damit, dass er ihr in aller Offenheit beschrieb, wie sehr ihm seine Frau fehlte. Seine Ausdrucksweise habe für ihre Landsleute etwas Schockierendes, erklärte sie ihm. (Seine genauen Worte erfahren wir nicht, so vorsichtig war Duff Gordon denn doch.) Seine Antwort: Nie würde er mit einem Mann aus England so sprechen, doch mit einer Frau sei ein so intimes Gespräch wohltuend.[21]

Isabel Burton rühmte die Tapferkeit und Aufmerksamkeit ihres Dragomans Mulhem Wardi. Sie glaubte zu allen Dragomanen ihrer Bekanntschaft eine besondere Beziehung zu pflegen und war bis ins Mark getroffen, als Hannah Misk, der Dragoman des britischen Konsulats in Damaskus, sie mit Missachtung strafte, nachdem Richard als Konsul unehrenhaft entlassen worden war.[22]

Reisende Frauen mit ihrem Dragoman bei den Pyramiden in Ägypten, um 1910.

Amelia Edwards' ständiger Begleiter auf ihren Zeichentouren hieß Salame und gehörte zur Besatzung ihrer Dahabije. Er hielt den Schirm, um ihr Schatten zu spenden, füllte ihre Wasserflasche und trug ihren Malkasten. Sie beschreibt ihn als »jung, emsig, gescheit, immer zu Späßen aufgelegt, von hitzigem Temperament und obendrein durch und durch ein Gentleman, wie ich vorher nie einen zu kennen das Vergnügen hatte«. Dank Salames ständiger Anwesenheit traute sich Edwards, ohne weitere Begleitung herumzureisen.[23]

Louisa Jebb hatte eine echte Schwäche für die Männer, die sie und ihre Freundin X begleiteten, insbesondere für ihren Dra-

goman Hassan, mit dem sie fast sieben Monate zusammen waren. Jebb meinte, »Dragoman« sei der falsche Titel für ihn, denn er spreche nur Türkisch. Sie nannte ihn ihre herrliche »Galionsfigur …, gerade wie eine Kerze und biegsam wie eine Weide, mit einem hübschen, weit hinten auf starken Schultern sitzenden Kopf«. Weil ihr gemeinsamer Wortschatz aus nur etwa fünfzig Wörtern bestand, sprach Jebb von einer Freundschaft des Schweigens. Hassans vollständige Verachtung für alle Versuchungen der Zivilisation gefiel ihr sehr. Beim Abschied am Ende der Reise habe sie einen Kloß im Hals gehabt, bekannte Jebb später.[24]

In unserem demokratischen Zeitalter neigen wir dazu, eine Frau und ihren Dragoman als Arbeitgeberin und Beschäftigten anzusehen und einen kameradschaftlichen Umgang zwischen ihnen für selbstverständlich zu halten. Doch damals pflegte eine Frau, ob adlig oder bürgerlich, ihre Angestellten wie Bedienstete zu behandeln und Distanz zu wahren. Wenn Frauen von ihren Dragomanen mit viel Wärme und Respekt sprachen, lässt dies folglich den Schluss zu, dass solche Schranken gefallen waren. Beide Seiten wussten, dass die Beziehung zeitlich begrenzt und ohne Verpflichtung war. Doch viele Frauen legten Wert darauf, ihre Dragomane anderen Reisenden zu empfehlen.

DIE SICHT DER MÄNNER

Ich habe viel Zeit und viele Reisen damit zugebracht, für die Araber zu arbeiten. Aus diesem Grund haben mich eine Anzahl ihrer weisen Männer empfangen und mein Geschlecht bedauert. Doch waren sie bereit, vorübergehend darüber hinwegzusehen. Rosita Forbes, 1928[25]

Rosita Forbes beschreibt ihr Verhältnis zu den Arabern eher nüchtern. Doch wenn man mancher ihrer Geschlechtsgenossinnen Glauben schenken darf, überschlugen sich die Orientalen entweder geradezu, Frauen aus Europa nahe zu sein, oder aber sie verfluchten sie als Ungläubige, die nicht erwünscht waren.

Hassan, der Dragoman von Louisa Jebb und X.
Jebb 1908, 289

Wie die orientalischen Männer auf Ausländerinnen reagierten, wissen wir zumeist nur aus Berichten europäischer Autoren. Stanhopes Arzt Charles Meryon etwa erzählte man z. B., dass Türken die rötliche Gesichtsfarbe der Engländerinnen nicht schätzten. Anscheinend waren einige nach der englischen Ägyptenexpedition 1805 zurückgeblieben und dort gefangen genommen worden. »Ihre neuen Herren wuschen sie wieder und wieder in der Hoffnung, den Ziegelstaub von ihren Wangen zu entfernen; und wenn sich zeigte, dass das unmöglich war, schickten sie sie weg. Schwarze Frauen, sagten die Türken, kennten und schätzten sie, und auch weiße; doch von roten Frauen hätten sie bis dahin noch nie gehört.« Man kann nur vermuten, dass die Armen einen schlimmen Sonnenbrand hatten.*[26]

Regula Engel, die als Frau eines napoleonischen Offiziers in Ägypten weilte, schreibt über andere Frauen, die ihre beim Militär dienenden Männer begleiteten, die Hälfte habe wegen ihrer Ausschweifungen in Ägypten ihr Grab gefunden. Insbesondere erwähnt sie eine Frau, die »wegen ihrer Galanterien« von ihrem eifersüchtigen Ehemann »niedergesäbelt« worden sei, »eine Pariserin, die eine wahre Menschenfreundin im weitern Sinne war und weder Kopten, weder Türken noch Mamelucken und Franzosen verachtete«[27].

Schenkt man dem französischen Dichter Gérard de Nerval Glauben, fühlten sich die Ägypter in den 1840er Jahren von dem offen zur Schau gestellten Antlitz der Europäerinnen abgestoßen; diese zeigten »ihr Gesicht ganz nackt, und zwar nicht nur denen, die es sehen wollen, sondern auch denen, die das ganz und gar nicht möchten«. Sein Gewährsmann Soliman-Aga bekundete Abscheu davor, »dass mich alle auf der Straße mit den Augen der Leidenschaft anschauten und einige sogar die Scham-

---

* Dass sich in den ersten Jahren des 19. Jahrhunderts Engländerinnen im ägyptischen Rosetta aufhielten, wird durch Edward Clarke als Augenzeugen bestätigt. In seinem Reiseführer heißt es, sie »boten einen einzigartigen Kontrast zum Auftreten der arabischen Frauen«. Frauen aus Indien hatten auch die indische Armee begleitet. Clarke vermutete, die drei Gruppen – Ägypterinnen, Engländerinnen und Inderinnen – »betrachteten die jeweils anderen als einen Haufen Wilde; und wer könnte sagen, welche von ihnen die kultivierteste war«[28].

Louisa Jebb unterhält Würdenträger in Nizäa.
Jebb 1908, 43

losigkeit so weit treiben, mich küssen zu wollen«, und fuhr fort: »... das sind ja Wintergewächse, ohne Farbe und Geschmack, kränkliche, vom Hunger geplagte Gestalten, denn sie essen kaum ... Und sie gar heiraten! Na, ich danke. Sie sind so schlecht erzogen, dass es Mord und Totschlag im Hause gäbe.«[29]

Gustave Flaubert hingegen, der 1849/50 in Ägypten war, stellte ein gewisses Maß an Ehrfurcht gegenüber Europäerinnen fest: »Unser Führer fasst uns bei der Hand und nimmt uns geheimnisvoll mit sich, um uns den Abdruck eines Damenstiefels im Sand zu zeigen. Es handelt sich um eine Engländerin, die vor ein paar Tagen hier war. Der arme Junge!«[30] Flaubert selbst schenkte den Engländerinnen, die er in Ägypten sah, nicht allzu viel Beachtung; dies gilt auch für die beiden Frauen, mit denen er auf demselben Boot von Alexandria nach Kairo fuhr. Dem Historiker Anthony Sattin zufolge besteht eine gewisse Wahrscheinlichkeit, dass es sich dabei um Florence Nightingale und ihre ältere Begleiterin Mrs Selina Bracebridge handelte. Flaubert fand die beiden schrecklich.[31]

Dass Florence Nightingale ihrerseits ein Franzose unangenehm aufgefallen wäre, steht nicht in ihrem Tagebuch, wohl aber

ein Kommentar zur Feindseligkeit der Araber. Um herauszufinden, wie weit diese gehen konnte, wählte sie die Al-Ashar-Moschee in Kairo; dort seien sie und Mrs Bracebridge wie »christliche Hündinnen« behandelt worden:

> Was den Abscheu der Mohammedaner vor uns betrifft, habe ich dafür immer vollstes Verständnis gehabt ... Wenn man bedenkt, dass für sie eine Frau mit unverhülltem Gesicht unschicklicher ist als für uns eine Frau, die ohne Kleider ausgeht ... Ich kann über die Toleranz, mit der wir hier behandelt werden, nur staunen, nicht über das Gegenteil – aber es macht das Leben einer Europäerin im Orient so elend.[32]

Lucie Duff Gordon – deren Bewunderung für die ägyptischen Männer, wie wir wissen, auf Gegenseitigkeit beruhte – bekam einen gewissen Einblick in deren Denken, als sie sich nach einer jungen Ägypterin erkundigte, die durch Luxor gekommen war. El Hággeh, »die Pilgerin«, war 18 Jahre alt, trug, obwohl unübersehbar weiblichen Geschlechts, Männerkleider und war ganz

ungezwungen allein unterwegs. Auf ihre Frage, weshalb niemand gegen El Hággehs Freizügigkeit etwas einzuwenden habe, erhielt sie zur Antwort: »Warum denn? Wenn sie nicht heiraten möchte, kann sie allein unterwegs sein; wenn sie es möchte, kann sie heiraten – was ist dabei?« Da sie ungebunden war, galten die Verhaltungsbeschränkungen, mit denen andere Frauen den Ruf ihres Mannes zu schützen hatten, für sie offenbar nicht. Allein reisende Europäerinnen mögen dieselbe Reaktion hervorgerufen haben.[33]

Da Äußerungen orientalischer Männer aus erster Hand fehlen, kann man diese Beobachtungen nur für bare Münze nehmen und schließen, dass sich einige Frauen gut, andere weniger gut anpassten, ebenso wie einige Orientalen tolerant waren und andere weniger. Nur wenige Frauen jedenfalls berichteten über unangenehme Begegnungen mit Einheimischen.

»Der Scheich« (links) und »Der Esel des Scheichs« (oben). Die ihres Kleides beraubte Miss Gushington erschreckt einen ehrwürdigen Scheich. Angesichts ihrer Krinoline meint er einen bösen Geist, einen ifrit, *vor sich zu haben. Mit dieser köstlichen Geschichte verspottete Lord Dufferin die weiblichen Orientreisenden.* Dufferin (Hg.) 1863, Bild XV und XVI

Zusammenleben

War er nicht in allem mein Gemahl, wenn ich auch nicht seinen Namen trug? Margaret Fountaine, 1903[34]

Sogar von Heiratsanträgen orientalischer Männer hörte man. Vor ihrer unziemlichen Schwangerschaft war Lucie Duff Gordons Kammerzofe Sally für den Sohn des reichen Mustapha Aga als Braut auserkoren worden. »Er sagte, ihre eigene Religion und ihre eigenen Sitten könne sie natürlich beibehalten. ... Ich entgegnete, sie sei zu alt, doch darin sehen sie keinerlei Hindernis. ... Man stelle sich Sally als Haremsdame des Sheykh-el-Beled von Luxor vor!« Lucie kam zu dem Schluss, ein solches Angebot beweise jedenfalls, »dass die Araber aus unserem freien Auftreten keine ungünstigen Schlüsse auf unsere Moral ziehen«[35].

Lucie selbst erhielt einen Antrag von einem »sehr gut aussehenden« Scheich. Der als Vermittler tätige Omar erzählte ihm, dass sie verheiratet und überdies schon ergraut sei. Kein Problem, lautete die Antwort des Freiers, sie könne sich ja scheiden und ihr Haar färben lassen. In seiner Bewunderung für ihre altmodischen Tugenden und ihre Bildung – die bei modernen Ägypterinnen überhaupt nicht zu finden seien! – ließ er sich gar zu der Erklärung hinreißen, jeder Mann von Ehre würde ihretwegen einen Mord begehen oder in den Tod gehen.[36]

Doch wie häufig kam es vor, dass ein Orientale ernsthaft um die Hand einer Europäerin anhielt? Dass sich kaum Beispiele dafür finden lassen, liegt z.T. an der Verschwiegenheit der Reisenden. Unser Wissen stammt aus dritter Hand oder aus privaten, nicht für fremde Augen bestimmten Tagebüchern.

Jane Digby, die ein solches Tagebuch führte – offenherzigere Abschnitte schrieb sie in Geheimschrift –, hatte während ihres ersten Aufenthalts in Syrien 1853/54 mehrere Beduinen zu Geliebten. Margaret Fountaine, die mit ihrem syrischen Dragoman zusammenlebte, untersagte es bis weit über ihren Tod hinaus, ihre Tagebücher einzusehen. Isabelle Eberhardts offene Bekenntnisse

Medjuel al-Mezrab.
Stich nach Carl Haag, in: *Illustrated London News*, 16. Juli 1870, 57

zu ihrer Promiskuität und zu ihrer Verbindung mit dem Algerier Slimène Ehnni wurden aus ihren Tagebüchern und den posthum veröffentlichten Erzählungen getilgt.[37]

Jane, deren Liebesleben von ihrer Biografin Mary S. Lovells minuziös nachgezeichnet wurde, war ursprünglich mit Lord Ellenborough verheiratet. Sie gab die Sicherheit dieser Verbindung auf und folgte ihrem ersten – oder vielleicht zweiten – Geliebten, einem deutschen Diplomaten, auf den Kontinent. Zu ihren weiteren Liebhabern gehörten ein deutscher Graf (den sie heiratete), König Ludwig I. von Bayern und der mazedonische Rebellenführer Xristodolous Hadji-Petros.

1853, im Alter von 46 Jahren, ließ sie sich in Damaskus nieder. Für einen Ausflug nach Palmyra wählte sie Medjuel al-Mezrab vom Stamm der Anazeh als Begleiter. Im selben Jahr hatte sie eine Affäre mit Saleh, einem Beduinen, der sie durch Palästina geleitete, und Scheich al-Barak, mit dem sie nach Bagdad ging. Zwischenzeitlich machte Medjuel ihr einen Heiratsantrag.

Einer möglichen Hochzeit stand vor allem seine Frau Maascha im Wege. Im März 1855 war er jedoch geschieden, die Ehe zwischen Medjuel und Jane konnte geschlossen werden. Die stürzte sich nun ins Beduinenleben, hielt sich mal in Damaskus, mal in Palmyra auf und wusste die Skeptiker unter Medjuels Stammesangehörigen mit ihrer Reitkunst und Weisheit zu beeindrucken. Zudem führte sie in Damaskus ein großes Haus. Zum Kreis ihrer europäischen Freunde gehörten die Burtons, die Blunts und die Schwestern Emily und R. E.* Beaufort.

Isabel Burton war von Medjuels dunkler Hautfarbe abgestoßen, räumte aber ein, dass er »ein sehr intelligenter und charmanter Mann« sei, sofern man ihn nicht als potenziellen Ehemann betrachte.[38] Emily Beaufort zeigte sich stärker beeindruckt und äußerte sich lobend über seine Kleidung, seine galanten Manieren und vor allem darüber, wie rührend er sie und ihre Schwester draußen in der Wüste umsorgt habe. Alles in allem

---

* Emily nennt in ihrem Buch *Egyptian Sepulchres and Syrian Shrines* den Namen ihrer Schwester und Reisebegleiterin nicht.

porträtierte sie einen Mann, der durchaus als Heiratskandidat in Frage kam:

> Er ist – wie *alle echten* Beduinen – ein kleiner Mann, ungefähr 1,60 Meter groß, zierlich gebaut, aber aufrecht, sehr anmutig in seinen Bewegungen und leichten, behenden Schritts; sein Gesicht ist wirklich schön – ein perfektes Oval –, eine lange gebogene Nase, ein zart geformter Mund, kleine, regelmäßige, blendend weiße Zähne und große schwarze Augen, die so sanft und süß sein konnten wie die einer Frau oder aber in einem grimmigen, wilden Adlerblick aufblitzten, unter dem man wirklich erstarrte.[39]

Margaret Fountaine war im Jahr 1901, als ihre Orientromanze begann, 31. Nachdem sie lange unglücklich für einen irischen Chorsänger geschwärmt hatte, begann sie ein neues Leben, reiste lange auf eigene Faust und entwickelte sich zu einer passionierten Schmetterlingssammlerin. Nachdem

Beirut um 1900. Margaret Fountaine macht in ihrem Tagebuch Andeutungen, ein Ereignis während ihres Aufenthalts dort im Jahr 1901 habe ihr klar gemacht, »wie wenig ich mich zur Frau eines braven Mannes eigne«[40].

sie auf der Suche nach schönen Exemplaren Europa durchstreift und die Blicke von Herren und auch verstohlene Küsse erhascht hatte, ging sie nach Syrien. Dort traf sie Khalil Neimy, einen sieben Jahre jüngeren syrischen Dragoman. Die Affäre fing nicht gut an: Seine Avancen brachten sie durcheinander, und bevor sie ihnen fast erlag, floh sie nach England. Nach zwei Jahren voller Unklarheit – war er verheiratet oder nicht? (er war es) – und etlichen bangen Reisen zwischen England und Syrien ging sie nach Konstantinopel in der festen Absicht, ihn lediglich ein weiteres Mal als Dragoman anzuheuern. Doch sie wurden schließlich ein Liebespaar, und es begann die Zeit ihrer gemeinsamen Reisen, die erst mit Neimys Tod 1929 endete.[41]

Fountaines Schmetterlingssammlung wurde dem Schlossmuseum in Norwich vermacht, zusammen mit ihren versiegelten illustrierten Tagebüchern; laut Anweisung durfte das Siegel erst 1978 gebrochen werden. Als dies geschah, kam ein ruheloses Leben zutage; ihre Aufzeichnungen erschienen in zwei Bänden: *Ich sammle nicht nur Schmetterlinge* (1980/1983) und *Late Loves* (1986).

Isabelle Eberhardts Erfahrungen in Algerien sind Zeugnis ihrer tiefen Leidenschaft für den Orient. Die Liebe zu den riesigen, leeren Weiten der Wüste war für sie vielleicht ebenso bedeutsam wie die Tatsache, dass ihr dort die Gelegenheit zur sexuellen Befreiung gegeben war. Eberhardt, eine Schriftstellerin russischer Herkunft, die in der Schweiz aufwuchs, verbrachte einen Großteil der Jahre zwischen 1897 und ihrem Tod 1904 in Algerien. Sie trat zum Islam über, nannte sich »Si Mahmoud«, trug Männerkleider und nahm sich algerische Liebhaber. Einer, Slimène Ehnni, Offizier der französischen Armee in Algerien, wurde ihr ständiger Begleiter und später ihr Ehemann.[42] Nach der Heirat verließ Ehnni die Armee. Die Glut der Leidenschaft ihrer Beziehung, die von der Wüste – ihre Affäre hatte in El-Oued begonnen – und der Freiheit entfacht worden war, erlosch im banalen Alltag des Stadtlebens. Da Isabelle weiter ihrer Reiselust nachging, verbrachten die beiden immer längere Zeiträume getrennt. Als sie 1904 in Algerien bei einer Überschwemmung ums Leben kam, hatten sie gerade wieder zusammengefunden.

Zusammenleben

Da immer mehr Frauen in interkulturelle Liebesbeziehungen verwickelt waren, sah sich Reverend Charles Butcher 1899 veranlasst, sich von Kairo aus in einem Brief an die Londoner *Times* zu Wort zu melden. Seine Warnung galt vor allem den Engländerinnen, die auf Stellengesuche für Gouvernanten antworteten. Sie sollten zunächst von ihm oder einem seiner Mitgeistlichen prüfen lassen, ob es mit der Anzeige seine Richtigkeit habe. Zwar gebe es nur wenige schwarze Schafe, doch wenn eine Frau an sie gerate, könne das furchtbare Folgen haben:

Isabelle Eberhardt im Matrosenanzug, 1895.
Foto: Louis David, in: Stéphan 1930, Frontispiz

> Völlige Unkenntnis des Landes, seiner Bevölkerung, Sprache und Sitten, die durch das System des Harems mehr oder weniger erzwungene Isolation …, dazu die ungewohnte, fremdartige moralische Atmosphäre, in der sich die neu Angekommene plötzlich findet – all dies sind Gründe dafür, dass das Leben einer Frau, ohne dass sie sich dessen recht gewahr wird, schließlich in Trümmern liegt.
>
> Selbst wenn, wie es manchmal der Fall ist, offene Heiratsversprechen gemacht werden, sollte man im Gedächtnis behalten, dass, sofern das Versprechen erfüllt wird – in den meisten Fällen eine eher unwahrscheinliche Fügung –, der Ehemann dank des einfachen muslimischen Scheidungsverfahrens die eingegangene Bindung jederzeit lösen kann und die Frau praktisch unversorgt zurücklässt, während sie in den Augen des Gesetzes ihres eigenen Landes eine ehelich gebundene Frau bleibt.[43]

Butchers Frau Edith, geborene Floyer, kam 1878 mit ihrem Bruder zum ersten Mal nach Ägypten. In *Egypt as We Knew It* beschreibt sie die vielen Fallstricke einer Eheschließung über die Kulturgrenzen hinweg, wobei sie dem unsicheren Rechtsstatus höchste Bedeutung beimisst. Einer Frau aus ihrer Bekanntschaft, die einen Muslim geheiratet hatte, sei eine Scheidung nach englischem Recht verweigert worden, weil die Gerichte die Ehe mit dem Angehörigen einer polygamen Gemeinschaft nicht anerkannt hätten.[44]

Anders als ein Mann verlor eine Frau bei einer Eheschließung fern der Heimat ihre Staatsbürgerschaft. Zwölf Jahre nach ihrer Heirat stellte Jane Digby fest, dass ihr das widerfahren war. Als Margaret Fountaine überlegte, ob sie Neimy heiraten solle, erzählte man ihr von einer Engländerin, die nach der Hochzeit mit einem Syrer informiert worden sei, dass dieser Akt den Verlust ihrer Staatsangehörigkeit bedeutete. »Nur einer von vielen Fällen, die zeigen, wie den Frauen in aller Welt von Seiten der Gesetze Unrecht geschieht«, bemerkte Fountaine.[45]

Die öffentliche Meinung über Frauen, die einen Orientalen geheiratet hatten, war geteilt. Einige konnten sich nichts Romantischeres vorstellen als das Leben einer Jane Digby. Emily Beaufort hingegen, die sich 1859 mit ihr anfreundete, meinte Janes Situation mit äußerster Diskretion behandeln zu müssen; in ihrem Buch taucht deren Name nicht auf. Die meisten jedoch zerrissen sich das Maul über Jane oder gingen ihr aus dem Weg. J. L. Porter, Verfasser von *Murray's Hand-Book to Syria and Palestine*, machte Kollegen Vorhaltungen, die ihre Reisebücher mit Janes »trauriger und einzigartiger Geschichte ... ausschmücken. Man sollte meinen, ein gebildeter Mann fände unter den klassischen Ruinen Griechenlands und den heiligen Stätten Syriens genügend andere Gegenstände, um seine Leser zu unterhalten und zu belehren, und müsse nicht in den Verfehlungen und Missgeschicken einer unglücklichen Engländerin herumstöbern.«[46]

Der französische Reisende Raphaël Bernoville hatte schon viel über Jane gehört, als er sie 1865 kennen lernte. Er ging mit hohen Erwartungen in die Begegnung, doch am Ende tat Jane ihm nur noch leid. Böse Zungen hatten geäußert, dass Medjuel sie nur deshalb nicht verlasse, weil sie so reich sei. »Völlig unbegreiflich«, schreibt er, »war die Hartnäckigkeit, mit der sie uns zu beweisen suchte, dass sie ihr Glück gefunden habe, wobei sie die Schönheit der Wüste und der orientalischen Nächte pries.« Trotzdem bewunderte er »die Energie, mit der diese einzigartige Frau gesegnet sein muss, um die endlosen Strapazen und nahezu unglaublichen Gefahren zu ertragen, die sie auf sich genommen hat«[47].

Isabel Burton warnte junge Engländerinnen vor falschen syrischen Prinzen: »Amir Mulhim Rustam ist der einzige echte ›Prinz des Libanon‹, der noch zu haben ist«, erklärte sie. »Man sollte sich seinen Namen gut merken; denn wenn er nicht nach England auf Brautschau geht, werdet ihr nie Prinzessinnen des Libanon.« Sie fährt fort:

> Jedenfalls solltet ihr darauf bestehen, nach Syrien zu fahren, bevor ihr den Bund fürs Leben schließt, und euch eure zukünftige Bleibe und Familie ansehen. Dann könnt ihr, wenn es denn echte Neigung ist, euer romantisches Vorhaben in die Tat umsetzen; seid aber darauf gefasst, dass ihr dafür leiden müsst. Wenn ihr in der eleganten Welt auf einen Syrer mit hübschem Gesicht, grün-goldener Jacke und Fez stoßt, bewundert das Kostüm, seid aufgeschlossen und nett zu seinem Träger, doch verliebt euch nicht in ihn und heiratet ihn nicht. … Das Leben ist so anders. Ihr müsst eure Unabhängigkeit als Engländerin aufgeben und euch auf das Niveau der Regeln begeben, die im Orient für die Frauen gelten.[48]

Ella Sykes erhielt 1895 in Persien Besuch von Frauen aus Kerman, die die ernsthafte Warnung aussprachen, »nicht in den Ehestand mit einem Perser einzutreten, denn ihre Heiratsbräuche sind *khaili kharah* (sehr schlecht)«. Sykes versicherte ihnen, dass sie keineswegs die Absicht habe, eine feste Bindung einzugehen, was ihre Besucherinnen noch fassungsloser machte.[49]

Bei ihrem Besuch in Aleppo 1905 nahm Gertrude Bell überrascht zur Kenntnis, dass die Frau von Mehmed Ali Pascha eine

»nette, aus Brixton stammende kleine Dame« war. Bell hielt das Paar für glücklich, aber »im Allgemeinen« wollte sie »türkische Paschas nicht zu Gatten für [englische] Jungfrauen empfehlen«. Die Dame aus Brixton könne zwar an den Aktivitäten der Europäer teilnehmen, müsse sich aber, um die Stellung ihres Mannes nicht zu schmälern, »bis zu einem gewissen Grade den Sitten der muselmännischen Frauen anbequemen«. Sie sei vielleicht so frei gewesen, einen Orientalen zum Ehemann zu erwählen, doch nun sei es mit ihrer Freiheit vorbei.[50]

Freistatt für Kokotten?

Die Europäerinnen kommen fast alle über dieselbe Route, d.h. über Odessa, Konstantinopel, Kairo und Port Said. Nach ein paar Jahren in Bombay oder Kalkutta … ziehen sie nach Colombo und in den Fernen Osten weiter, wo ihre betrübliche Pilgerschaft schließlich endet.
S. M. Edwardes, Polizeikommissar in Bombay, 1913[51]

Leicht vergessen werden die Prostituierten unter den reisenden Frauen. Die im Orient arbeitenden kamen aus Großbritannien, Frankreich, Italien, Malta, Zypern, Polen, Russland und vielen anderen Ländern. Über diese Frauen und ihre Motive lässt sich nur wenig in Erfahrung bringen, doch dass sie im Orient auf ein gutes Auskommen hofften, darf man voraussetzen. Angesichts der vielen französischen und britischen Soldaten in Alexandria überrascht es z. B. nicht, dass unter den 1923 in der Stadt registrierten 1356 Prostituierten ein Drittel Französinnen waren.[52]

Noch weniger wissen wir über diejenigen Frauen, die sich nicht direkt bezahlen ließen, aber mit Männern schliefen, wenn diese sich auf andere Weise erkenntlich zeigten. Samuel Shepheard, der Besitzer des »Shepheard's Hotel« in Kairo, stellte in den 1850er Jahren fest, dass seine neue Wirtschafterin Miss Carnes sich offenbar auch für seine neue Mätresse hielt; sie war vorher im »Missirie's« in Konstantinopel tätig gewesen. Man belehrte sie eines Besseren – Sam war glücklich verheiratet – und setzte sie schließlich wegen ihrer Trunksucht vor die Tür.[53]

Besser erging es Mme Roussillon, vielleicht zur selben Zeit Wirtschafterin in dem Hotel in Kairo, in dem die Franzosen abstiegen. Sie wurde, nachdem man sie in den Armen eines Reisenden ertappt hatte – in seinem unverschlossenen Zimmer und splitterfasernackt –, nicht entlassen.[54]

Viel Klatsch über liederliche Damen findet sich in den Briefen, die Lady Mary Elgin aus Konstantinopel an ihre Mutter schrieb. »Ist es nicht erstaunlich, was Mme Pisani treibt? ... Sie hatte ein Verhältnis mit drei oder vier Männern, doch was meinen Sie, wer zuletzt an der Reihe war? Sie werden es nicht glauben – der alte ___! Solche Geschichten gibt es hier über fast jede Frau.« Die verrufene Mme Pisani war die Frau des Hauptdragomans an der englischen Botschaft, eines Venezianers.[55]

Clorinde Rogé, Suzanne Voilquin, Agarithe Caussidère und andere Saint-Simonistinnen hatten 1834/35 in Ägypten ihre Affären, allerdings nach allem, was man weiß, nur mit Europäern. Caussidère, die sich als Prostituierte darin auszeichnete, »mit allergrößter Leichtigkeit von einem Zelt ins andere zu schlüpfen«, wurde allerdings für ihre langen Besuche bei Soliman Pascha getadelt.[56]

Die Literatur des Westens bringt den Orient seit langem mit Sexualität in Verbindung, und mancher männliche Reisende mag vor Ort ausprobiert haben, was es damit auf sich hatte. Bei den Frauen des 19. Jahrhunderts lag der Fall definitiv anders: Auch wenn es hin und wieder zu sexuellen Begegnungen kam, suchten sie im Orient doch nicht primär Liebesabenteuer. Daran hinderte sie vieles. Zunächst einmal waren da die strengen christlichen Moralvorstellungen, die ihnen einen tiefen Abscheu vor Ehebruch und Promiskuität einflößten; es genügte schon, mit einem ungebundenen Mann häufig zu tanzen oder lange mit ihm zu sprechen. Da den meisten Reisenden ihre Intimsphäre über alles ging, war allein schon dadurch Abstand gewahrt. Hinzu kam die Angst vor einer Schwangerschaft, und auch vor Geschlechtskrankheiten war niemand gefeit. Von Eberhardt hieß es gerüchteweise, sie habe einen Algerier mit einer »intimen

Infektion« angesteckt. Bis weit ins 20. Jahrhundert hinein finden sich keine Hinweise darauf, dass eine reisende Frau sich vor einer solchen Übertragung geschützt hätte. Die Schweizerin Ella Maillart, die 1932 durch Zentralasien reiste und darüber das Buch *Turkestan Solo* schrieb, entgegnete einmal, als sie vor dem Alleinreisen gewarnt wurde, sie habe Neosalvarsan eingepackt, ein Mittel gegen Syphilis.[57]

Manche Frau, die zu Hause vielleicht in Versuchung geraten wäre, hatte Vorbehalte gegen alle Männer, die nicht ihrem sozialen und ethnischen Milieu entstammten, oder spürte bei anderen solche Vorbehalte: Selbst die Heirat mit einem Mann aus einem anderen europäischen Land stieß in früheren Zeiten vielfach auf Missbilligung. So sah sich etwa die Engländerin Hester Thrale, die 1784 einen Italiener heiratete, schon bald von ihren Freunden und Verwandten geächtet.

Natürlich hatte der Orient für Europäerinnen, die mit einem Fehltritt liebäugelten, durchaus seinen Reiz. Die Männer sahen gut aus, man konnte leicht mit ihnen Freundschaft schließen und ebenso leicht dem kritischen Blick der eigenen Gesellschaft entfliehen, insbesondere wenn man diskret vorging. Nur für Frauen, die sich in den engen Grenzen der Europäergemeinden in Städten wie Kairo oder Konstantinopel bewegten, galt dies nicht. Jane Digbys Heirat mit Medjuel al-Mezrab war ein so kühner Schritt, dass man sich bis ins ferne England darüber aufregte. Heute mögen wir Digby und auch Isabelle Eberhardt dafür bewundern, dass sie gegen die Konventionen ihrer Zeit verstießen, doch zu ihren Lebzeiten schlugen ihnen Argwohn und Verachtung entgegen.[58]

Dass es Frauen aus Europa gegeben war, mit Männern des Orients echte, wenn auch zeitlich befristete Freundschaft zu schließen, ist bemerkenswert genug. Diese neuen Kameraden behandelten sie nicht nur als nahezu ebenbürtige Wesen, sie begegneten ihnen auch mit der im Orient üblichen Achtung. Zum Dank durften sie sich gleichsam als »Ehren-Männer« fühlen und in dem Glauben wiegen, sie könnten alles erreichen, was sie nur wollten.

EINE TEILNAHMSVOLLE BEOBACHTERIN
Lucie Duff Gordon (1821-1869)

Ende 1862 verließ Lucie Duff Gordon, bis dahin Stammgast in der Literatenszene von London, ihr geliebtes Zuhause und machte sich mit ihrer Kammerzofe Sally Naldrett als einziger Begleiterin auf den Weg in die ägyptische Hafenstadt Alexandria. Lucie litt an Tuberkulose oder Schwindsucht, wie man es damals nannte, und wenn sie ihr Leben noch ein wenig verlängern wollte, musste sie dem feuchten und kalten englischen Klima entfliehen. Sie verbrachte die Winter in Luxor und die heißen Sommermonate in Kairo. Bald ging sie ganz in ihrem Alltag auf, nahm Arabischunterricht, gab Rat und medizinische Hilfe, empfing in ihrem Haus Ägypter und Europäer und kämpfte gegen ihre Krankheit an, die sie niemals losließ.

Lucie Duff Gordon.
Duff Gordon 1875, Frontispiz

Die »Maison de France«*
in Luxor. Holzschnitt
nach einer Skizze von
Amelia Edwards. Edwards
1877, 659

Lucie war eine scharfe Beobachterin der ägyptischen Sitten. In ihren Briefen nach Hause spricht sie von der hohen Wertschätzung, die ägyptische Männer Engländerinnen entgegenbrachten. Die Behandlung, die englische Männer ihren Frauen angedeihen ließen, empfanden die Ägypter offenbar als abstoßend, insbesondere dass sie es an Güte fehlen ließen und öffentlich über sie redeten. »Ein Araber«, erklärte Lucie, »hält sich für einen glücklichen Mann, wenn er ein Mädchen aus England heiraten kann.«[59]

Wenn Lucie überhaupt mit Vorurteilen aus Europa angereist war, so streifte sie sie schnell ab – ebenso den Putz, der früher zu

---

* Die »Maison de France« wurde vom britischen Konsul Henry Salt erbaut und bis etwa 1817 von den Belzonis bewohnt. Dann übernahmen die Franzosen das Anwesen und vermieteten es an Reisende, u. a. an Flaubert und dessen Reisegefährten Maxime Du Camp, später an Duff Gordon. Kurz nach 1880 wurde es abgerissen.

ihrem Leben dazugehört hatte. 1864 schrieb sie an ihren Ehemann Alexander: »Seit mittlerweile zwei Monaten trage ich keine Strümpfe mehr, und ich denke, du wirst über den Fellachen staunen, der ›dein Besitz ist‹, so dunkel sind mein Gesicht, meine Hände und Füße geworden«. Von dieser Zeit an bis zu ihrem Tod, der sie kurz nach ihrem 49. Geburtstag ereilte, lebte sie in der sogenannten »Maison de France«, dem »französischen Haus«, einem weitläufigen Gebäude, das in die Tempelanlage von Luxor hineingebaut war.[60]

Als Amelia Edwards 1874, fast fünf Jahre nach Lucies Tod, nach Luxor kam, war es ihr ein Anliegen, auch die »Maison de France« zu besichtigen. Sie schildert ihre Eindrücke nach Art einer Pilgerin, die einen Schrein besucht. Mit Blick auf die wenigen, einfachen Möbel heißt es bei ihr: »Alles war sehr kahl und unbehaglich ... Wir waren schockiert, wie trostlos dieser Ort war – bis wir ans Fenster traten. Jenes Fenster, das sich zum Nil und zur Westebene von Theben öffnete, bildete die ganze Ausstattung des Raums und verlieh seiner Armseligkeit etwas Grandioses.«[61]

Wenn die Hitze Ägyptens für Lucie Duff Gordon auch nicht Heilung brachte, so linderte sie doch die schlimmsten Symptome ihrer Krankheit – zumindest ihren Briefen nach zu urteilen, die von Humor und Vitalität geprägt sind. Ein vielleicht noch wirksameres Mittel war die Zuneigung zu ihren ägyptischen Freundinnen und Freunden, denn besonders sie gaben ihrem Leben Sinn.

Gestern Nacht waren wir noch ungewaschen, wild und frei; heute Nacht sind wir sauber, von Menschen umgeben und gefangen.
Louisa Jebb, 1908

Das Ende der Reise

LOUISA JEBB nahm Quartier in einem Nobelhotel in Damaskus, badete und zog frische Kleider an. Nach einem sechsmonatigen Streifzug durch die entlegensten Regionen der Türkei und Mesopotamiens fühlte sie sich schrecklich verloren. Dann aber warf sie sich mit stolzer Geste ihren zerschlissenen Mantel über, und schon stiegen die unauslöschlichen Bilder der Erinnerung in ihr auf: eine Wildwasserfahrt auf dem Tigris, ein Beinah-Raubüberfall, ein wilder, hemmungsloser Tanz in einem irakischen Dorf und der märchenhafte Anblick der Ruinen von Palmyra, die sie nach einer strapaziösen Wüstenwanderung verschwommen am Horizont auftauchen sah. Bevor sich die Türen ihres »Käfigs« hinter ihr schließen konnten, hatte Louisa erkannt, dass sie nicht mehr die Alte war: »Das Wesen [der Wüstenländer] dringt unmerklich immer tiefer in uns ein, bis es mit den Wurzeln unserer eigenen Natur zu einem unauflöslichen Ganzen verwoben ist.«[1]

In meiner Einführung zu diesem Buch habe ich die Frage gestellt, wie eine Frau im 19. und noch im 20. Jahrhundert durch eine Reise in den Orient ihre Freiheit erlangen konnte. Dafür musste sie z. B. wie Louisa Jebb den Mut haben, bequeme Kleidungsstücke zu tragen, Standesunterschiede zu über-

Louisa Jebb auf einer Ausgrabungsstätte mit Hethiter-Inschriften. Der Mann rechts von ihr ist Hassan, ihr Dragoman.
Jebb 1908, 81

winden, Freundschaften mit Männern zu pflegen und ihrem eigenen Weg zu folgen – alles Verhaltensweisen, die in ihrem Herkunftsland als unschicklich galten. Ebenso musste sie die Strapazen der Reise ertragen und den täglichen Kampf mit Verkehrsmitteln, Unterkünften, Essgewohnheiten, kulturellen Eigenheiten und Verständigungsschwierigkeiten bestehen, was sie freilich nur stärker und selbstbewusster machte.

Zu solcher Selbstfindung trug die Entfernung vom eigenen Kulturkreis bei, die sich sowohl in geografischen als auch in geistigen Distanzen messen ließ. Indem sie die Zwänge der Geschlechterrollen ablegten, folgten die Reisenden im Auf und Ab der Wege nur ihrer eigenen Stimme. Und was immer dabei herausgekommen sein mochte – am Ende waren sie, wie Isabel Burton es ausdrückte, für ihr altes Leben untauglich geworden. Eine Veränderung war unvermeidlich. Frauen wie Amelia Edwards oder Gertrude Bell suchten neue Herausforderungen. Andere, wie Lady Montagu, verwirklichten ihren Traum von einem freien Leben. Oder sie kehrten, wie Hester Stanhope, Jane Digby und Lucie Duff Gordon, gar nicht mehr in ihre Heimat zurück. Die Mehrheit begnügte sich jedoch damit, die frischen Eindrücke nach der Rückkehr aufzuschreiben und sich auf ihre nächste, noch größere Reise vorzubereiten.

Freiheit fanden die Frauen überall auf der Welt, an der nordamerikanischen Westküste ebenso wie im Himalaya. Die offene Straße, das ungebundene, einfache Leben ohne Rücksicht auf gesellschaftliche Zwänge war gewiss kein Privileg des Orients. Doch dieser hatte – neben seiner geografischen Nähe zu Europa – noch mehr zu bieten: Diese Region, die schon seit langem mit ihren fremdländischen Genüssen lockte, war auch das Land der bequemen Kleidungsstücke, der einfachen, aufrichtigen Gastfreundschaft und der Freiheit von den Unbilden des Fortschritts.

Im Orient lebten die Frauen in eigens für sie abgeteilten Räumen, den Harems, wo sie den Besucherinnen aus dem Abendland Einblick in ihren Alltag gewährten. Bis ins 19. Jahrhundert hinein sahen reisende Europäerinnen in der Lebensweise ihrer orientalischen Geschlechtsgenossinnen eine Freiheit, die sie für sich selbst ersehnten. Ab etwa 1830 änderte sich diese Sichtweise dann, wie wir gesehen haben.

Beim Niederschreiben von Reiseeindrücken flossen aber natürlich auch sehr private Gedanken und Gefühle in die Beobachtungen ein, was sie besonders interessant macht. Egal ob in Form gewöhnlicher Tagebücher, die im Freundeskreis zirkulierten, oder als Bücher für das breitere Publikum – Reiseberichte von Frauen wurden immer populärer. Zwischen 1839 und 1920 erschienen mehr als zweihundert Texte über den Orient aus der Feder von Autorinnen. Fast alle enthielten eine Haremsbeschreibung und Empfehlungen bewährter Dragomane sowie detaillierte Informationen zur Reiselogistik und Einschätzungen zum Grad der Freiheit, die die Frauen genossen. Im Verlauf des 19. Jahrhunderts kamen naturgeschichtliche, philosophische und sozialkritische Themen hinzu.

All diese Bücher wurden in den einschlägigen Zeitschriften regelmäßig rezensiert. Die *Illustrated London News* etwa bezeichnete Ida Pfeiffer als »eine der bemerkenswertesten Frauen seit Menschengedenken. Ihr abenteuerlicher Reisebericht ist ebenso fesselnd wie die Märchen aus *Tausendundeiner Nacht*.« Und der Buchrezensent von *Blackwood's* schrieb 1896 in einer Besprechung, in der es u. a. um Pfeiffer, Isabella Bird und Alexine Tinne ging: »Heute kann uns nichts von dem, was Frauen noch wagen werden, mehr überraschen.«[2]

Die Frauen durchbrachen gesellschaftliche Schranken, indem sie in andere Kulturkreise eindrangen. Sie erlebten sich als Fremde in fernen Ländern und bestimmten ihre Grenzen selbst. Und indem sie diese Grenzen immer weiter ausdehnten, bereicherten sie ihr Leben – und unseres auch.

ANMERKUNGEN

FRAUEN TRÄUMEN VOM ORIENT: Seite 1-5
Motto: Burton 1893, 483
1   Burton 1879 (1875), 1
2   a.a.o., 2
3   Hanson, 142

EUROPÄERINNEN IM ORIENT:
Seite 7-31
Motto: Bell 1910 (1907), 1
1   Searight, 124, 150; Waller, 804
2   Sykes, 43
3   Hahn-Hahn 1844
4   Montagu 1991 (1784), 179
5   Pardoe: *Ansichten*, 1
6   Duff Gordon 1983 (1902), 34
7   Edwards, 3; Sykes, 3
8   Burton 1893, 534 (F.); 1879 (1875), 4
9   Burton/Wilkins, 393
10 Duff Gordon 1983 (1902), 29
11 Pardoe: *Ansichten*, 2
12 Edwards, 201
13 Sykes, 3
14 Forbes 1928, 16
15 Asher, 248; Izzard, 125-126
16 Forbin, in: Manley, 189
17 Poole, in: *Blackwood's*, März 1845, 291
18 »Women«, 675; »Divorce«, 264; Arnaud-Duc, 108, 109
19 Brassey 1889, 288; Bell 1927, 258; Bell an Hugh Bell; Bell an Frank Balfour
20 Devise der Saint-Simonisten, in: Ivray, 9
21 Ivray, 144
22 Edidin, 109; Ivray, 169, 186; Allemagne 1930, 430
23 Allemagne 1930, 421
24 Belgiojoso 1855: 3, 81
25 a.a.O.: 1, 467; Colet 1986 (1859), 65

REISELOGISTIK:
Seite 33-63
Motto: Jebb, 14
1   a.a.O., 11
2   a.a.O., 123
3   a.a.O., 282-283
4   a.a.O., 13-14
5   Blunt 1881, Bd. 1, 229
6   Jebb, 292
7   Forbes 1928, 265
8   Nisbet, 186: Mary und ihr Mann ließen sich später scheiden, und Marys Briefe wurden unter ihrem Mädchennamen Nisbet veröffentlicht. Stanhope, in: [Meryon:] *Travels*, Bd. 2, 38
9   Craven: *Journey*, 40
10 Dieulafoy 1883, 160
11 Edwards, 11-12
12 Moon, 176: Brenda Moon recherchierte die Namen von Edwards' europäischen Reisebegleitern, ein Detail, das Edwards selbst nicht der Erwähnung für wert befand. Edwards, 40-41
13 Forbes 1928, 2
14 Bird, Isabella 1891, Bd. 1, 128
15 a.a.O., 52
16 Bell 1927, 231
17 Bell 1991 (1907), 173-174
18 Porter, Bd. 1, 26
19 Martineau, 399
20 Belgiojoso 1855: 4, 1218-1219
21 Jebb, 14
22 a.a.O., 15
23 Pfeiffer 1969 (1844), 39; 1992 (1850), 318
24 Joanne/Isambert, 351; Hornby, 34
25 Bird, Michael 1957, 41-42; Shepheard, in: Bird, Michael 1957, 133
26 Jebb, 277
27 a.a.O., 137-138
28 Egerton, Anhang D; Wilkinson, 3-5; Stoddart, 224
29 Belgiojoso 1855: 3, 61
30 Bird, Isabella 1891, Bd. 1, 226
31 Pfeiffer 1969 (1844), 101
32 Stark 1951, 128-129
33 Bell 1927, 212
34 Forbes 1928, 60
35 Bird, Isabella 1891, Bd. 2, 64
36 Martineau, 339
37 Tinne, in: Gladstone, 209
38 Gladstone, 202, 206, 220-222
39 Trollope 1981 (1860), 60
40 Trollope 1981 (1865), 29-30, 35, 37
41 Pfeiffer 1969 (1844), 83
42 a.a.O., 84
43 Ross, 55
44 Pfeiffer 1969 (1844), 149
45 a.a.O., 154-155
46 Pfeiffer 1852, 328
47 Bird, Isabella 1891, Bd. 1, 45
48 a.a.O., Bd. 2, 125
49 Perrot, 463
50 Forbes 1928, 1
51 Forbes 1921, 76
52 Forbes 1928, 273
53 Stark 1951, 62
54 a.a.O., 84, 86
55 a.a.O., 86
56 a.a.O., 188

GEGEN SITTE UND ANSTAND:
Seite 65-85
Motto: Burton 1879 (1875), 174
1   Rodenbeck, 67
2   Edwards, 50; Beaufort, Bd. 1, 115
3   Sykes, 18
4   Montagu 1991 (1784), 112-114, 187, 196

Anmerkungen 175

5 Fay, 80
6 Nisbet, 65
7 Lamartine, Bd. 3, 302, 321
8 a.a.O., Bd. 2, 244
9 Martineau, 27, 256
10 Lovell, 159, 202; Burton/Wilkins, 395
11 Burton 1879 (1875), 65, 108
12 a.a.O., 108-109
13 Gordon/Cross, 226 (F.); *Times*, 3. August 1889, 5
14 [Meryon:] *Travels*, Bd. 1, 193
15 Stanhope, in: Cleveland, 131
16 Stanhope, in: Manley, 184
17 [Meryon:] *Travels*, Bd. 1, 299
18 Allemagne 1930, 430
19 Eberhardt, 386
20 [Meryon:] *Travels*, Bd. 1, 108
21 Ivray, 174-175
22 Beaufort, Bd. 2, 6
23 Burton 1879 (1875), 175
24 a.a.O., 174
25 a.a.O., 110
26 a.a.O., 169
27 Blunt 1881, Bd. 1, 22; Bell, in: Burgoyne, Bd. 1, 235
28 Bird, Isabella 1891, Bd. 1, 17
29 a.a.O., 132
30 Bell 1910 (1907), VI (Vorwort)
31 Thesiger, in: Asher, 150
32 Zitat in: Cunnington, 227
33 [Meryon:] *Travels*, Bd. 1, 95, 99-100, 157-158
34 Stanhope, in: Cleveland, 127
35 [Meryon:] *Travels*, Bd. 2, 176
36 a.a.O., 217; Bruce, 186-187
37 Thomson, 81

REISEN FÜR DIE WISSENSCHAFT:
Seite 87-107
Motto: Dieulafoy 1883, 91
1 Dieulafoy 1887, 2
2 Sackville-West, 139
3 Dieulafoy 1887, 392-393
4 Sackville-West, 145
5 Edwards, 354
6 a.a.O., xv
7 a.a.O., 310
8 O'Neill, 171
9 Blunt 1986, 244
10 Finch, 54
11 Bell, in: Burgoyne, Bd. 1, 304
12 a.a.O., 17
13 Bell 1927, 218; Bells (veröffentlichte und unveröffentlichte) Fotos, Tagebücher und Briefe werden heute in den Gertrude Bell Archives der University of Newcastle, UK, aufbewahrt.
14 Bell, in: Burgoyne, Bd. 1, 298; Bell 1927, 341-352

15 Bell 1927, 258; Winstone, 112, 205
16 Hinweis auf Thesiger bei: Izzard, 31; Winstone, 162; Stark 1951, 88
17 Stark 1953, 134; Bell, in: Burgoyne, Bd. 2, 233, 357
18 Sackville-West, 49
19 Audouard, 338
20 »Bellicose«, in: Augri/Leospo, 43
21 Carré, Bd. 2, 262-263; Audouard, 428, 430-434
22 Audouard, 19
23 Flaubert, in: Steegmuller, 220
24 Carré, Bd. 2, 310, 314; Colet 1879, 203
25 Gray, 447-456; Carré, Bd. 2, 313
26 Burton 1879 (1875), 181
27 ebd.
28 a.a.O., 181-182
29 Burton 1893, 470-471
30 Burton 1879 (1875), 383
31 Engel, 38

DIE FRAUEN IN DEN HAREMS:
Seite 109-133
Motto: Craven: *Journey*, 305
1 Yeazell, 150
2 a.a.O., 2
3 Belgiojoso 1855: 1, 474
4 Gasparin, 362
5 Craven: *Journey*, 295-296
6 Pardoe: *Ansichten*, 131-132
7 Craven, in: Paston, 153
8 Martineau, 236, 235
9 a.a.O., 236
10 Audouard, 227
11 Duff Gordon 1983 (1902), 308
12 Belgiojoso 1855, 2, 1036
13 a.a.O., 1034, 1047
14 Edwards, 480; Lovell, 240; Digby, in: Lovell, 308; Lovell, 309
15 Hahn-Hahn 1844; Audouard, 425; Martineau, 442
16 Stanhope, in: Cleveland, 133
17 Martineau, 235
18 Craven: *Journey*, 294
19 Montagu 1991 (1784), 114-115, 98-99
20 Craven: *Journey*, 296
21 Hahn-Hahn 1844, 264-265
22 Hornby, 57
23 a.a.O., 59
24 Montagu 1991 (1784), 99; Nisbet, 131
25 Beaufort, Bd. 2, 393
26 Brassey 1881 (1880), Kap. VI, 63
27 a.a.O., 64
28 Beaufort, Bd. 2, 401
29 Brassey 1881 (1880), Teil 2, 227-228
30 Belzoni, 146, 151: Sarah Belzonis Bericht *A Short Account of the Women of Egypt, Nubia und Syria* wird zuweilen irrtümlich auch als *A Trivial Account* ... zitiert.

31 Gasparin, 88-89, 90
32 Burton 1879 (1875), 108-109
33 Brassey 1880, in: Micklewright, 20
34 Cleveland, 208; Asmar, in: Cleveland, 215
35 Gasparin, 329, 336, 346
36 Dieulafoy 1883, 110
37 Die Ehefrau eines »hohen Würdenträgers«, in: Dodd, 467-468
38 Seton, 32
39 Bell, in: Burgoyne, Bd. 2, 220-221
40 Forbes 1928, 180, 182
41 Montagu 1991 (1784), 196
42 Craven: *Journey*, 296
43 [Eastlake,] 131

LIEBE UND FREUNDSCHAFT:
Seite 137-169
Motto: Duff Gordon 1969 (1865), 187
1 Lovell, 147, 179-180
2 Beaufort, Bd. 2, 20
3 Stanhope, in: Cleveland, 102, 146
4 Belgiojoso 1858, 316-317
5 Burton 1879 (1875), 2
6 Bird, Isabella 1891, Bd. 1, 32
7 Flaubert, 280; Belgiojoso 1855: 2, 1026
8 Tinne, in: Gladstone, 215; Duff Gordon 1983 (1902), 38
9 Gasparin, 53-54
10 Fagnani, 150-151
11 Burton 1879 (1875), 88
12 Audouard, 30
13 Nisbet, 51
14 Audouard, 38
15 Montagu 1837, Bd. 1, 348-349
16 [Meryon:] *Travels*, Bd. 2, 259; Bell 1927, 216; Belgiojoso 1855: 1, 472; Jebb, 301
17 Loti, 101-102
18 Duff Gordon 1983 (1902), 297
19 Lamartine, Marianne-Elisa de, in: Lamartine, Bd. 3, 421
20 Duff Gordon 1983 (1902), 143-144
21 a.a.O., 41
22 Burton 1879 (1875), 159; 1893, 571
23 Edwards, 163-164
24 Jebb, 286, 287, 292
25 Forbes 1928, 56
26 [Meryon:] *Travels*, Bd. 2, 25-26 (F.)

27 Engel, 40
28 Clarke, 320
29 Nerval, 131
30 Flaubert, 92
31 Sattin, 84-85; Flaubert, 44
32 Nightingale, 197
33 Duff Gordon 1983 (1902), 96
34 Fountaine, 167
35 Duff Gordon 1983 (1902), 108
36 a.a.O., 161
37 Lovell, xv; Mary Lovell dechiffrierte dafür auch Digbys verschlüsselte Tagebücher; Fountaine, 13; Kobak 1992 (1990), 300-308
38 Burton/Wilkins, 395
39 Beaufort, Bd. 1, 330
40 Fountaine, 134
41 a.a.O., 130, 132, 137-138, 162-163
42 Kobak 1990, 132, 134-135, 149
43 Butcher, Charles 1899, 9
44 Butcher, Edith (1911), 171
45 Lovell, 271, 276; Fountaine, 156
46 Porter, Bd. 2, 507
47 Bernoville, 30, 31
48 Burton 1879 (1875), 278-279
49 Sykes, 168
50 Bell 1907, 235
51 Bericht an die Justizabteilung, Regierung von Bombay, 7. Januar 1913, in: Levine, 255
52 Hyam, 147
53 Bird, Michael 1957, 85, 101, 104
54 a.a.O., 123
55 Nisbet, 114
56 Carré, Bd. 1, 268
57 Kobak 1990, 230; Maillart 1985 (1934), 94
58 Burton 1893, 575; 1879 (1875), 93
59 Duff Gordon, 1983 (1902), 142
60 a.a.O., 182
61 Edwards, 454

DAS ENDE DER REISE: Seite 171-173
Motto: Jebb, 301
1 a.a.O., 15
2 *Illustrated London News*, 13. November 1858, 444; *Blackwood's*, Juli 1896, 49

LITERATURHINWEISE

Die Jahreszahl ohne Klammern bezieht sich jeweils auf die Ausgabe, nach der zitiert wurde, die in Klammern auf die Ersterscheinung.

Addison, Charles G.: *Damascus and Palmyra. A Journey to the East*, Bd. 1. London: Richard Bentley 1838
Allemagne, Henry-René d': *Les Saint-Simoniens. 1827–1837*. Paris: Librairie Gründ 1930
ders.: *Prosper Enfantin et les grandes entreprises du XIXe siècle*. Paris: Librairie Gründ 1935
Arnaud-Duc, Nicole: »Die Widersprüche des Gesetzes«, in: *Geschichte der Frauen*, Bd. 4: *19. Jahrhundert*. Hg. v. Geneviève Fraisse u. Michelle Perrot. Frankfurt am Main/ New York: Campus 1994
Asher, Michael: *Thesiger*. New York: Viking 1994
Audouard, Olympe (de Jouval): *Die Mysterien des Serails und der türkischen Harem*. Bromberg: Levit 1864
dies.: *Les Mystères de l'Égypte dévoilés*. Paris: E. Dentu ^{2}1866
Augri, Muriel/Leospo, Enrichetta: *Viaggio in Egitto. Racconti di donne dell'Ottocento*. Turin: Centre Culturel Français de Turin 1998
Barbiera, Raffaello: *Passioni del risorgimento. Nuove pagine sulla Principessa Belgiojoso e il suo tempo con documenti inediti e illustrazioni*. Milano: Treves 1903
Beaufort, Emily A.: *Egyptian Sepulchres and Syrian Shrines*. 2 Bde., London: Longman, Green, Longman & Roberts 1861
Belgiojoso, Cristina di: *Asie Mineure et Syrie, souvenirs de voyages*. Paris: M. Lévy 1858
dies.: »La Vie nomade et la vie nomade en Orient, scènes et souvenirs de voyage«, in: *Revue des deux mondes*. 1: 1. Februar 1855, Bd. 9, 466–501; 2: 1. März 1855, Bd. 9, 1020–1050; 3: 1. April 1855, Bd. 10, 60–90; 4: 1. September 1855, Bd. 11, 1201–1233
Bell, Gertrude: *Am Ende des Lavastroms. Durch die Wüsten und Kulturstätten Syriens*. Hg. u. mit ei. Vorwort v. Gabriele Habinger. Basierend auf der Übers. aus d. Engl. aus dem Jahre 1908. Wien: Promedia 1991 (1907)
dies.: *Durch die Wüsten und Kulturstätten Syriens*. Leipzig: Otto von Spanner 1910 (1907)
dies.: *The Letters of Gertrude Bell*, Bd. 1. Hg. v. Lady Florence Bell. London: Ernest Benn 1927
dies.: unveröffentlichter Brief an Hugh Bell, 27. Dezember 1918; an Frank Balfour, 17. Dezember 1921. Gertrude Bell Archives, University of Newcastle, UK
Belzoni, Mrs (Sarah): *A Short Account of the Women of Egypt, Nubia, and Syria*, in: *Narrative of the Operations and Recent Discoveries in Egypt and Nubia*. London: John Murray 1820
Belzoni, Giovanni: *Entdeckungreisen in Ägypten 1815–1819. In den Pyramiden, Tempeln und Gräbern am Nil*. Hg. v. Ingrid Nowel. Köln: DuMont 1982
Bernoville, Raphaël: *Dix Jours en Palmyrène*. Paris: Typographie A. Lainé & J. Havard 1868
Bird, Isabella Lucy: *Journeys in Persia and Kurdistan. Including a Summer in the Upper Karun Region and a Visit to the Nestorian Rayahs*. 2 Bde., London: John Murray 1891
Bird, Michael: *Samuel Shepheard of Cairo*. London: Michael Joseph 1957
Blackwood's. Artikel "Mrs Poole's 'Englishwoman in Egypt'", März 1845, 286–297
Blackwood's. Artikel "Lady Travellers", Juli 1896, 49–66
Blunt, Lady Anne: *A Pilgrimage to Nejd: The Cradle of the Arab Race. A Visit to the Court of the Arab Emir, and "Our Persian Campaign"*. 2 Bde., London: John Murray 1881
dies.: *Bedouin Tribes of the Euphrates*. 2 Bde., London: John Murray 1879
dies.: *Journals and Correspondence, 1878–1917*. Hg. v. Rosemary Archer u. James Fielding. Cheltenham, UK: Alexander Heriot 1986
dies.: »Pélerinage au Nedjed, berceau de la race arabe«, in: *Tour du monde* 43, 1882, 1–80
Brassey, Lady Annie: *Annie Brassey's letzte Fahrt an Bord des Sunbeam*. Leipzig: Hirt 1889 (1889)
dies.: *Sonnenschein und Sturm im Osten*. Leipzig: Hirt 1881 (1880)
Bruce, Ian (Hg.): *The Nun of Lebanon. The Love Affair of Lady Hester Stanhope and Michael Bruce*. London: Collins 1951
Burgoyne, Elizabeth (Hg.): *Gertrude Bell. From Her Personal Papers, 1914–1926*. 2 Bde., London: Ernest Benn 1958 and 1961
Burton, Lady Isabel: *The Inner Life of Syria, Palestine, and the Holy Land*. London: C. Kegan Paul 1879 (1875)
dies.: *The Life of Sir Richard F. Burton*, Bd. 1. London: Chapman & Hall 1893
dies./Wilkins, W. H.: *The Romance of Isabel Lady Burton. The Story of Her Life*. London: Hutchinson 1898
Butcher, Charles Henry: »Englishwomen in Egypt«, Brief an die *Times* (London), 3. Januar 1899, 9
Butcher, E.L.: *Egypt as we Knew It*. London: Mills & Boon 1911

Butler, Lady Elizabeth: *From Sketch-book and Diary*. London: Adam & Charles Black 1909
Carré, Jean-Marie: *Voyageurs et écrivains français en Égypte*. 2 Bde., Kairo: L'Institut Français d'Archéologie Orientale 1956 (1932)
Clarke, Edward Daniel: *Travels in Various Countries of Europe, Asia and Africa*, Bd. 5. London: T. Cadell & W. Davies 1817
Cleveland, Duchess of: *The Life and Letters of Lady Hester Stanhope*. London: John Murray 1914
Colet, Louise: *Les Pays lumineux, voyage en Orient*. Paris: Dentu 1879
dies.: *Lui. A View of Him*. Athens, GA: University of Georgia Press 1986 (1859)
Craven, Lady Elizabeth: *Briefe der Lady Elisabeth Craven über eine Reise durch die Krimm nach Konstantinopel an Sr. Durchlaucht den regierenden Markgrafen von Brandenburg-Anspach*. Leipzig 1789
dies.: *A Journey Through the Crimea to Constantinople in a series of Letters from the Right Honourable Elizabeth Lady Craven to His Serene Highness The Margrave of Brandenbourg, Anspach, and Bareith*. Dublin 1789
Cunnington, Cecil Willett: *English Women's Clothing in the Nineteenth Century*. New York: Dover 1990 (1937)
Dieulafoy, Jane: »La Perse, la Chaldée et la Susiane, 1881-1882«, in: *Tour du monde* 46, 1883, 81-166
dies.: *La Perse, la Chaldée et la Susiane*. Paris: Hachette 1887
»Divorce«, in: *The Encyclopedia Britannica*, Bd. 7. Philadelphia: J.M. Stoddart 1878, 260-265
Dodd, Anna Bowman: *In the Palaces of the Sultan*. New York: Dodd, Mead 1903
Dronsart, Marie: *Les Grandes voyageuses*. Paris: Hachette 1894
Dufferin, Lord (Hg.): *Lispings from Low Latitudes; or, Extracts from the Journal of the Honourable Impulsia Gushington*. London: John Murray 1863
Duff Gordon, Lady Lucie: *Letters from Egypt: 1862-1869*. Hg. v. Gordon Waterfield. London: Routledge & Kegan Paul 1969 (1865)
dies.: *Letters from Egypt: 1862-1869*. Mit einem Begleitwort ihrer Tochter Janet Ross. London: Virago 1983 (1. Aufl. dieser Ausg.: 1902)
dies.: *Last Letters from Egypt, to which are added Letters from the Cape*. Mit einem Begleitwort ihrer Tochter Janet Ross. London: Macmillan 1875
[Eastlake, Lady Elizabeth:] »Lady Travellers«, in: *Quarterly Review* 151, 1845, 98-137

Eberhardt, Isabelle: »Reminiszenzen«, in: *Sandmeere 1. Tagwerke/Im heißen Schatten des Islam*, Reinbek bei Hamburg: Rowohlt 1983
Ebers, Georg Moritz: *Ägypten in Bild und Wort. Dargestellt von unseren ersten Künstlern*. 2 Bde., Stuttgart/Leipzig: Hallberger 1879/80
ders.: *L'Égypte*, Bd. 1: *Alexandrie et Le Caire*, Bd. 2: *Du Caire à Philoe*. Paris: Firmin-Didot 1883
Edidin, Stephen R.: »Les Orientalismes de Gérôme«, in: *Gérôme & Goupil, Art et Enterprise*. Paris: Éditions de la Réunion des musées nationaux 2000
Edwards, Amelia B.: *A Thousand Miles Up the Nile*. London: George Routledge 1888 (1877)
Egerton, Lady Francis [Harriet Catherine, Countess of Ellesmere]: *Journal of a Tour in the Holy Land, in May and June, 1840*. London: Harrison 1841
Engel, Regula: *Frau Oberst Engel. Von Cairo bis Neuyork, von Elba bis Waterloo. Memoiren einer Amazone aus napoleonischer Zeit*. Zürich: Artemis 1977 (1821)
Fagnani, Mme: »A State Ball in Constantinople«, in: *Scribner's*, Juni 1877, 148-151
Fay, Mrs Eliza: *Original Letters from India. Containing a Narrative of a Journey Through Egypt, and the Author's Imprisonment at Calicut by Hyder Ally: 1779-1815*. Einf. v. E.M. Forster. London: Hogarth Press 1925 (1817)
Finch, Edith: *Wilfrid Scawen Blunt, 1840-1922*. London: Jonathan Cape 1938
Flaubert, Gustave: *Reise in den Orient. Ägypten, Nubien, Palästina, Syrien, Libanon*. Frankfurt am Main: Insel 1996 (1910)
Forbes, Rosita: *Adventure*. Boston: Houghton Mifflin 1928
dies.: *The Secret of the Sahara. Kufara*. London: Cassell 1921
Fountaine, Margaret: *Ich sammle nicht nur Schmetterlinge ... Reisen und Abenteuer einer viktorianischen Lady*. Hg. v. W. F. Cater. Wien/Hamburg: Zsolnay 1983 (1980)
Gasparin, Valérie Boissier de: *Journal d'un voyage au Levant*, Bd. 2. Paris: Michel Lévy 1866
Gauthier, Maximilien: *Achille et Eugène Devéria*. Paris: H. Floury 1925
Gladstone, Penelope: *Travels of Alexine. Alexine Tinne, 1835-1869*. London: John Murray 1970
Gordon, Felicia/Cross, Máire: *Early French Feminisms, 1830-1940. A Passion for Liberty*. Cheltenham, UK: Edward Elgar 1996
Gray, Francine du Plessix: *Was wir träumen, wenn wir lieben. Das Leben der Louise Colet – Lite-

ratin, Feministin, Geliebte Flauberts. München: Kindler 1995 (1994)

Hahn-Hahn, Ida, Gräfin von: *Orientalische Briefe.* Berlin: Duncker 1844

dies.: *Reisebriefe.* Berlin: Duncker 1841

dies.: *Von Babylon nach Jerusalem.* Mainz: Kirchheim (u.a.) 1851

Hamel, Frank: *Lady Hester Lucy Stanhope.* London: Cassell 1913

Hanson, Captain: *Route of Lieutenant-General Sir Miles Nightingall, K.C.B. Overland from India, in a Series of Letters.* London: T. Baker 1820

Hassanein, Ahmed Mohammed: *The Lost Oases.* London: Thornton Butterworth 1925

Hornby, Lady [Emilia Bithynia, Mrs Edmund]: *Constantinople During the Crimean War.* London: Richard Bentley 1863 (1. Aufl. unter dem Titel *In and Around Stamboul*, 1858)

Hyam, Ronald: *Empire and Sexuality. The British Experience.* Manchester: Manchester University Press 1992

Illustrated London News. Artikel "Madame Ida Pfeiffer", 13. November 1858, 444

Ivray, Jehan d': *L'Aventure Saint-Simonienne et les femmes.* Paris: Félix Alcan 1928

Izzard, Molly: *Freya Stark. A Biography.* London: Hodder & Stoughton 1993

Jebb, Louisa: *By Desert Ways to Baghdad.* Edinburgh: Thomas Nelson & Sons 1908

Jérusalémy, M.F.: »Mœurs Turques. Les femmes turques, leur vie et leurs plaisirs«, in: *Tour du monde* 8, 1863, 145-154

Joanne, Adolphe/Isambert, Émile: *Itinéraire descriptif, historique et archéologique de l'Orient.* Paris: Hachette 1861

Kobak, Annette: *Isabelle: The Life of Isabelle Eberhardt.* New York: Vintage 1990

dies.: *Wie treibender Sand. Das berauschende Leben der Isabelle Eberhardt.* München: Droemer Knaur 1992 (1990)

Lamartine, Alphonse de: *Erinnerungen, Empfindungen, Gedanken und Naturgemälde während einer Reise in den Orient in den Jahren 1832 und 1833*, in: *Alphonse de Lamartine's sämmtliche Werke*, Bd. 2-4. Stuttgart: Rieger 1839 (1835)

Lane, Edward W. (Übers.): *The Thousand and One Nights.* 2 Bde., London: Chatto & Windus 1883 (1838-1841)

Levine, Philippa: *Prostitution, Race, and Politics. Policing Venereal Disease in the British Empire.* New York: Routledge 2003

Lortet, M.: »La Syrie d'aujourd'hui«, in: *Tour du monde* 39, 1880, 145-192

Loti, Pierre (Pseud. Julien Viaud): *Egypt.* London: T. Werner Laurie 1909

Lott, Emmeline: *The "English governess" in Egypt. Harem life in Egypt and Constantinople.* Philadelphia: T.B. Peterson & Brothers (1866)

Lovell, Mary S.: *Rebel Heart. The Scandalous Life of Jane Digby.* New York: W.W. Norton 1995

Maillart, Ella: *Turkestan Solo.* London: Century 1985 (1934)

dies.: *Turkestan Solo. Eine abenteuerliche Reise ins Ungewisse.* München: Frederking & Thaler 2001 (1934)

Manley, Deborah: "Lord Belmore Proceeds up the Nile in 1817-1818", in: *Unfolding the Orient.* Hg. v. Paul u. Janet Starkey. Reading, UK: Ithaca Press 2001

Martineau, Harriet: *Eastern Life, Present and Past.* Philadelphia: Lea & Blanchard 1848

[Meryon, Charles Lewis:] *Memoirs of the Lady Hester Stanhope. As Related by Herself in Conversations With Her Physician; Comprising Her Opinions and Anecdotes of Some of the Most Remarkable Persons of Her Time*, Bd. 1 u. 3. London: H. Colburn 1846

ders.: *Travels of Lady Hester Stanhope: Forming the Completion of Her Memoirs. Narrated by Her Physician.* 3 Bde., London: H. Colburn 1846

Micklewright, Nancy: *A Victorian Traveler in the Middle East. The Photography and Travel Writing of Annie Lady Brassey.* Aldershot, UK: Ashgate 2003

Montagu, Lady Mary Wortley: *Briefe aus dem Orient.* Bearbeitet von Dr. Irma Bühler nach der Ausgabe von 1784. Frankfurt am Main: Societäts-Verlag 1991 (1784)

dies.: *Letters of the Right Honourable Lady M—y W—y M—e.* Berlin: Mylius 1781

dies.: *Reisebriefe.* München: Georg Müller 1927

dies.: *The Letters and Works of Lady Mary Wortley Montagu*, Bde. 1 u. 2. Hg. v. Lord Wharncliffe. London: Richard Bentley 1837

Montesquieu, Charles-Louis, Baron de: *Persian and Chinese Letters, being the Lettres Persanes.* Washington, DC: M. Walter Dunne 1901

Moon, Brenda E.: "Amelia Edwards, Jennie Land and Egypt", in: *Interpreting the Orient: Travellers in Egypt and the Near East.* Hg. v. Paul u. Janet Starkey. Reading, UK: Ithaca Press 2001

Moore, Thomas: "Lalla Rookh: an Oriental Romance", in: *Moore's Poetical Works.* London: London Printing & Publishing um 1880 (1817)

Nerval, Gérard de: *Reise in den Orient. Werke I.* München: Winkler 1986 (zwischen 1840 und 1851)

Nightingale, Florence: *Letters from Egypt: A Journey on the Nile, 1849-1850.* Hg. v. Anthony Sattin. New York: Weidenfeld & Nicolson 1987

Nisbet, Mary: *The Letters of Mary Nisbet of Dirleton, Countess of Elgin*. Hg. v. Lieutenant-Colonel Nisbet Hamilton Grant. London: John Murray 1926

O'Neill, Patricia: "Amelia Edwards. From Novelist to Egyptologist", in: *Interpreting the Orient*. Hg. v. Paul u. Janet Starkey. Reading, UK: Ithaca Press 2001

Pardoe, Julia: *Ansichten des Bosporus und Constantinopel's, von Miss Pardoe, Verfasserin des Werkes »The City of the Sultan« u.s.w.* London: Verlag der britischen Societät zur Beförderung der schönen Künste 1839

Pardoe, Miss Julia: *The Beauties of the Bosphorus … Illustrated in a Series of Views of Constantiople and Its Environs, From Original Drawings by W.H. Bartlett*, Bde. 1 u. 4. London: Virtue & Co. 1839

Paston, George: *Little Memoirs of the Eighteenth Century*. New York: E.P. Dutton 1901

Perrot, Michelle: »Ausbrüche«, in: *Geschichte der Frauen*, Bd. 4: *19. Jahrhundert*. Hg. v. Geneviève Fraisse u. Michelle Perrot. Frankfurt am Main/New York: Campus 1994

Pfeiffer, Ida: *A Visit to the Holy Land, Egypt, and Italy*. London: Ingram, Cooke 1852

dies.: *Eine Frau fährt um die Welt. Die Reise 1846 nach Südamerika, China, Ostindien, Persien und Kleinasien*. Hg. v. Gabriele Habinger. Wien: Promedia 1992 (1850)

dies.: *Reise einer Wienerin in das Heilige Land*. Stuttgart: Societäts-Verlag 1969 (1844)

dies.: *Reise in das Heilige Land. Konstantinopel, Palästina, Ägypten im Jahre 1842*. Hg. v. Gabriele Habinger. Wien: Promedia 1995 (1844)

dies.: *Reise nach Madagaskar. Nebst einer Biographie der Verfasserin nach ihren eigenen Aufzeichnungen*. Wien: Gerold 1861

dies.: *The Last Travels of Ida Pfeiffer; inclusive of a visit to Madagaskar*. London: Warne & Routledge 1861

Porter, J.L.: *Murray's Hand-Book to Syria and Palestine*. 2 Bde., London: John Murray 1868 (1871)

Rodenbeck, John: "Dressing Native", in: *Unfolding the Orient*. Hg. v. Paul u. Janet Starkey. Reading, UK: Ithaca Press 2001

Ross, Alexander M.: *William Henry Bartlett. Artist, Author, and Traveller*. Toronto: University of Toronto Press 1973

Sackville-West, Vita: *Eine Frau unterwegs nach Teheran*. Frankfurt am Main: Fischer 1993 (1926)

Sattin, Anthony: *Lifting the Veil. British Society in Egypt 1768–1956*. London: J.M. Dent 1988

Searight, Sarah: *The British in the Middle East*. New York: Atheneum 1970

Seton, Grace Thompson: *A Woman Tenderfoot In Egypt*. New York: Dodd, Mead 1923

Stark, Freya: *Beyond Euphrates. Autobiography 1928–33*. London: John Murray 1951

dies.: *The Coast of Incense: Autobiography 1933–39*. London: John Murray 1953

Stebbing, Henry: *The Christian in Palestine*. Mit Zeichnungen v. W.H. Bartlett. London: George Virtue (1847)

Steegmuller, Francis (Hg.): *Flaubert in Egypt. A Sensibility on Tour*. Chicago: Academy Chicago 1979 (1972)

Stéphan, Raoul: *Isabelle Eberhardt ou la révélation du Sahara*. Paris: Flammarion 1930

Stoddart, Anna: *The Life of Isabella Bird (Mrs Bishop)*. London: John Murray 1906

Sykes, Ella C.: *Through Persia on a Side-Saddle*. London: A.D. Innes 1901

Thomson, W. M.: *The Land and the Book; or, Biblical Illustrations Drawn from the Manners and Customs, the Scenes and Scenery of The Holy Land*. London: T. Nelson 1880

Trollope, Anthony: "An Unprotected Female at the Pyramids", in: *Anthony Trollope. Tourists and Colonials*, Bd. 3. Fort Worth: Texas Christian University Press 1981 (1860)

ders.: "The Unprotected Female Tourist", in: *Travelling Sketches*. New York: Arno 1981 (1865)

Waller, John Francis (Hg.): *The Imperial Dictionary of Universal Biography*, Bd. 12. London: William Mackenzie um 1880

Wilkie, Sir David: *Sir David Wilkie Sketches. Turkey, Syria and Egypt, 1840 and 1841*. In Stein graviert v. Joseph Nash. London: Graves & Warmsley 1843

Wilkinson, Sir J. Gardner: *Murray's Hand-Book for Travellers to Egypt*. London: John Murray 1858 (1862)

Wilson, Colonel: *Picturesque Palestine*. 2 Bde., New York: Appleton 1881

Winstone, H.V.F.: *Gertrude Bell*. London: Constable ^{2}1993 (1978)

»Women«, in: *The Encyclopedia Britannica*, Bd. 24. Philadelphia: J.M. Stoddart 1889, 671–677

Yeazell, Ruth Bernard: *Harems of the Mind. Passages of Western Art and Literature*. New Haven: Yale University Press 2000

Zurcher, Monsieur/Margollé, Monsieur: »Mademoiselle Tinne«, in: *Tour du monde* 21, 1870/71, 289-304

DANKSAGUNG

Mein Dank gilt allen, die mich auf reisende Frauen hingewiesen haben; leider konnten allerdings nicht alle in dieses Buch aufgenommen werden. Insbesondere danke ich folgenden Personen für ihre Unterstützung: Laurence Budik für das Bildmaterial, Mary Lovell für die Hinweise zu Jane Digbys Porträt; Joyce Williams und Don Clark von Joyce Williams Prints and Maps für die leihweise Überlassung der Lithografien von Sir David Wilkie; Professor Derryl MacLean vom Department of History an der Simon Fraser University für seine hilfreichen Quellenhinweise und sein linguistisches Know-how; Bettina Eschenhagen vom Gerstenberg Verlag, die mir Informationen über reisende Frauen deutscher Herkunft und Isabelle Eberhardt gab; Virginia Murray von den John Murray Archives, die mir freundlicherweise die Abdruckgenehmigung für das Foto von Freya Stark erteilte; Jim Crow von den Gertrude Bell Archives an der University of Newcastle, der sich für die leihweise Überlassung der Abbildungen von Gertrude Bell einsetzte. James Kilvington von der National Portrait Gallery danke ich für seine Hilfe bei der Ausleihe des Porträts der Lady Mary Wortley Montagu, und ich danke Victoria Steele, Deborah Whiteman und Octavio Olvera vom Special Collections Department der Charles E. Young Research Library (Universität Kalifornien), die mir den Stich von Lady Mary Wortley Montagu im türkischen Badehaus zur Verfügung stellten.

Mein Dank gilt auch meiner Lektorin Nancy Flight, die mir stets die Stange hielt, und Wendy Fitzgibbons, die mein Manuskript redigiert hat, danke ich für ihre Gründlichkeit und ihre hilfreichen Kommentare.

Ganz besonderen Dank schulde ich wie immer David Gay.

BILDNACHWEIS

ILLUSTRATIONEN AN DEN KAPITELANFÄNGEN: Seite 1: Amerikanerinnen in einem türkischen Café, in: *Leslie's Ladies Magazine,* 1878; Seite 7: »Kamel in Assuan« von Amelia Edwards, in: *A Thousand Miles Up the Nile,* 1888 (1877), 193; Seite 33: »Auf dem Nil« von Elizabeth Butler, in: *From Sketch-book and Diary,* 1909, 30; Seite 65: Roxane, aus: *Bajazet,* in: *Œuvres de Racine,* 1852, Akt 3, Szene 1; Seite 87: »Lady Dunya schreibt einen Brief« von Edward W. Lane, in: *The One Thousand and One Nights,* 1883, Bd. 1, 523; Seite 109: »Fenster zum Harem« von Bernhard Fiedler, in: Ebers: *L'Egypte,* 1883, Bd. 1, 77; Seite 137: »Die Truppen des Khedive [Vizekönigs]« von Elizabeth Butler, in: *From Sketch-book and Diary,* 1909, 30; Seite 171: »Frauen im Harem« von Edward W. Lane, in: *The One Thousand and One Nights,* 1883, Bd. 2, 492

ZITATNACHWEIS

Der Gerstenberg Verlag dankt dem Zsolnay Verlag für die freundliche Genehmigung zum Abdruck des Zitats von Margaret Fountaine auf S. 156 oben. Es stammt aus: dies.: *Ich sammle nicht nur Schmetterlinge ... Reisen und Abenteuer einer viktorianischen Lady.* Hg. von W. F. Cater, übers. v. Maria Gridling, Wien: Paul Zsolnay 1983.

REGISTER

Kursive Ziffern verweisen auf Bildlegenden. Die Veröffentlichungen finden sich in den Literaturhinweisen. F. = Fußnote; o.D. = ohne Datum

Ägypten: Alexandria 5, 15, 27-28, 47, 82, 107, *147*, 148, 153, 164, 167; Kairo 15, 20, 24, 28, 29, 44-45, 50, 55, 69, 75, 76, 78, 82, 103, 107, 117, *133*, 146, 154, 166, 167; Luxor 15, 117, 124, 154-155, 167-169; Nil 14, 19, 20, 23, 28, 37-38, *38*, 50, 72, 89, 103, 142; und das Osmanische Reich 7, 8, 9; Pyramiden *iv*, 66, *139*, *148*, *149*; als Reiseland 7, 9, 14-15, *15*, 19, 37, 89-91, 100, 115, 137, 152, 162
Algerien 29, 50, 125, 160
Arabien 8, 23, 49, 62, 78, 92-93, 97-98, 99; Arabische Wüste 23, 55, 78, 92-93, 98, 102; Nefud 93, 98
arabische Märchen *s. Tausendundeine Nacht*
Archäologie 88, 91, 97, 100
Arten, Koch von Louisa Jebb 33-34, 45-46
Asmar, Prinzessin Maria Theresa (1804-1854) 125
Audouard, Olympe (1830-1890) 20, 100-102, 103, 114-115, 117, 144, 145
Auvergne, Princesse de la Tour d' (1809-1889) 106

Balbiani, Mme (o.D.) 43
Bartlett, William Henry *12*, *41*, 54, 55, *114*
Beaufort, Emily (1826-1887) *12*, 42, 44, 47, 66, 77, 122, 123, 139-140, 158-159, 162
Belgiojoso, Prinzessin Cristina di (1808-1871) 3, 13, 30-31, *30*, 42, 45, 47, 111, 115-116, 139, 140-141, 146
Bell, Gertrude (1868-1926) 3, 7, 13, 15, 23, 26, 40, 42, 48-49, 61, 63, 78, 80, 87, 94-100, *95*, *96*, 127, 146, 163-164, 172
Belmore, Lady Juliana (o.D.) und Lord Belmore 23-24, 76
Belzoni, Sarah (1783-1870) und Giovanni 14, 124, 168 (F.)
Bird, Isabella (1831-1904) 13, 39-40, *39*, 46, 47, 48, 49, 56-58, *56*, *57*, 78-79, 99 (F.), 141, 173
Bishop, Isabella Bird *s.* Bird, Isabella
»Blaustrümpfe« 25, 87, 100-103
Blunt, Anne (1837-1917) und Wilfrid 15, 44, 47, 78, *78*, 87, 92-94, *93*, 94, 98, 158
Brassey, Lady Annie (1839-1887) 26, 122, 123-124, 125
Browne, Henriette (1829-1901) *116*
Bruce, Michael 36, 82, 83
Buchanan, Zetton (ca. 1900-1959) 5
Burton, Isabel (1831-1896) und Richard 1, 3, 20, 23, 41, 42, 44, 65, 72-73, 74, 77-78, 87, 104-106, *105*, *106*, 109 (F.), 125, 141, 144, 149, 158, 163, 172
Butcher, Edith (o.D.) und Rev. Charles 161-162
Butler, Elizabeth (1846-1933) *124*

Carré, Jean-Marie 101-103
Caussidère, Agarithe (o.D.) 29, 165
Clarke, Edward 152 (F.)

Colet, Louise (1810-1876) 31, 100, 102-103, *102*
Craven, Lady Elizabeth (1750-1828) 36, 109, 113, 118, 120, 132-133, *132*

Dienstmädchen *s.* Kammerzofen
Dieulafoy, Jane (1851-1916) 35, 36-37, 65, 73-74, 73, 80, 87-89, *88*, 94, 126
Digby, Jane (1807-1881) 14, 15, 20, 44, 72, 106, 117, 137-139, 144, 156, 158-159, 162-163, 166, 172
Dodd, Anna Bowman (1855-1929) 126
Dragomane 33, 38, 40, 41, 44, 77, 83, 96, 137, 139, *142*, 147-151, *148*, *149*, 151, 156, 158, 160, 165, 173
Du Camp, Maxime 168 (F.)
Duff Gordon, Lucie (1821-1869) 15, 19, 20, 21, 115, 117, 118, 124, 137, 142, 147, 148-149, 154-155, 156, 167-169, *167*, 172

Eberhardt, Isabelle (1877-1904) 76 (F.), 156, 160, *161*, 165-166
Edwards, Amelia (1831-1892) 20, 21, 37-38, 66, 87, 89-91, *90*, *91*, 94, 116-117, 149, *168*, *169*, 172
Egerton, Lady Francis (1800-1866) 46
Ehescheidung 24-25, 101, 114, 161
Ehnni, Slimène 158, 160
Elgin, Lady Mary (1777-1855) und Lord Thomas Bruce 36, 70, 75, 122, 145, 165
Emanzipation *23*, 24, *24*, 25-29, 123, 128-129
Enfantin, Barthélémy Prosper (Père Enfantin) 28, 29
Engel, Regula (1761-1853) und Florian 107, 152
Eugénie *s.* Kammerzofen

Fagnani, Mme (o.D.) 142
Faisal, König 98, 99
Fatt.ıh, Dragoman von Gertrude Bell 40, *96*, 97
Fay, Eliza (1756-1816) 69-70
Feminismus 26, 27-29, 74, 114
Flaubert, Gustave 103, 141, 153, 168 (F.)
Forbes, Rosita (1893-1967) 23, 35, 39, 49, 59-61, *59*, *79*, 99, 128, *137*, 151
Forbin, Graf 23-24
Fountaine, Margaret (1862-1940) 156, 159-160, *159*, 162
Frauen orientalischer Herkunft 2, 3; Äußeres (*s. a.* Kleidung) *iv*, *18*, *109*, 110, 111-112, *112*, *114*, *115*, 118-123, *118*, *120*, *124*, *126*, *127*, *128*; Emanzipation 26, 123-124, 127-129; Verhalten gegenüber Ausländerinnen 122, 125-126, 128
Frauen westlicher Herkunft (*s. a.* andere Einträge): Amerikanerinnen 5, 74, 126, 128; Arbeiterfrauen 4, 25-26, 27-28, 165; Aristokratinnen 4-5, 12, 30-31, 47, 81-85, 111, 125, 130-133, 165; Äußeres (*s. a.* Kleidung) *iv*, 2, 21, *23*, 27, *30*, *34*, *39*, *43*, 50, *59*, 62, 65, 66, 67, *69*, *70*, 73, *81*, *87*, *88*, *91*, *93*, *95*, *102*, *105*, *115*, *120*, *121*, *130*, *132*, *133*, *139*, *140*, *147*, *148*, 149, 153, 161, 161, *171*, 172; Begegnungen mit Orientalen 24, 33-34, 42, 48, 58, *133*, *139*, 139-140, 141-146, 147-151, 166, *171*; berufliche Tätigkeiten 25, 28, 76-77, 87, 88-91, 104-107; Britinnen 5, 12, 30-31, 47, 81-85, 111, 125, 130-133, 165; bürgerliche Frauen 4, 24, 25-26, 27, 47, 113-115, 165;

deutschsprachige Frauen 4, 5, 107, 115 (F.), 118-120; Einflüsse 17, 19-20; Einsamkeit 53, 58, 124; Eitelkeit 140, 145; Enttäuschungen 20-21, 31, 57, 55; Fotografinnen 87, 88-89, 96-97, 126; Französinnen 4, 5, 24-25, 73, 107, 120, 123, 127, 164; Geld 24, 25-26, 38, 47, 51, 53, 58, 63, 81-83, 94, 131, 139, 140, 163; Gesetze 3, 23, 24-26, 73, 161-162; Italienerinnen 4, 120, 127, 164; konformes Verhalten 3, 35, 65-66, 72, 163; Malerinnen 87, 89-91, *116*, *124*, 139; als öffentliches Ärgernis 23, 57, 59, 63, 65, 72, 74, 76, 101, 102, 103, 153-154; über Orientalen 101, 141-142, 144-151, 158-159; über Orientalinnen 3, 101, 109-123, 128-129; Politik 94, 98-99; Promiskuität 137, 156-160, 164-165; Reiseträume 5, 17-18, 20-21, 53; religiöse Überzeugungen 54-55, 93, 124, 125, 133, 160, 165; schreibende Frauen 4-5, 18, 20, 25, 55, 61, 62, 89-91, 92, 94-97, 100-101, 103, 113, 123, 128-129, 131, 132-133, 137 (F.), 145, 156, 160, 172-173; Schwangerschaft 29, 44, 87, 107, 137 (F.), 156, 165; Schwierigkeiten mit Männern 41, 48-49; Unabhängigkeit 2-4, 25-26, 29, 58, 137, 140-141, 155; unschickliches Verhalten 53, 62, 65, 101, 137, 152, 156, 164-165, 172; Wirkung auf Zeitgenossen 4, 31, 49, 54-55, 57-58, 61, 62, 63, 73, 132-133, 139-140, 166; Zimperlichkeit 4, 42, 47-48, 104
Frauenwahlrecht 26, 99
Freiheit 1-2, 17, 69, 101, 109, 111-113, 123, 137, 164, 171-173
Fry, Anne (oder Ann) s. Kammerzofen

Gasparin, Valérie de (1813-1894) 111, 124, 125, 142
Gérôme, Jean-Léon 17, *18*
Gesundheit s. Hygiene
Griechenland: und das Osmanische Reich 9; als Reiseland 19, 30, 54, 82, 125
Gushington, Impulsia 155

El Hággeh (o.D.) 154-155
Hahn-Hahn, Gräfin Ida von (1805-1880) 18, 117, 121, 133
Halawy, Omar Abu, Dragoman von Lucie Duff Gordon 137, 147, 148-149, 156
Hammams 72, 112, *120*
Harems 4, 29, 31, 77-78, 101, 109-131, *109*, *110*, *116*, 126, 128, 133, 172
Hassan, Dragoman von Louisa Jebb 33, 35, 151, *151*, *171*
Hassanein, Ahmed 60-61, *60*, *137*
Heiliges Land s. Palästina
Heirat 156, 158-163
Hohe Pforte 9, 12
Hornby, Emilia (gest. 1866) *112*, 121-122, *121*
Hurrem Sultan (Roxelana) 109-110, s.a. Roxane
Hygiene 42, 47, 48, 55, 103, 118

Illustrated London News 33, *133*, 156, 173
Irak s. Mesopotamien
Israel s. Palästina

Jebb, Louisa (gest. 1929) 13, 33-35, *34*, 42, 45-46, 146, 149-151, *151*, *153*, 171, *171*

Jordanien s. Transjordanien
Josephine, Mme (o.D.) *iv*, 43, 72

El Kader, Abd 117, 144, *145*
Kammerzofen 38, 75; Schwierigkeiten 115 (F.), 137-139; Eugénie 72, 137-139; Anne Fry 76, 82, 83; Sally Naldrett 137, 156, 167; Mrs Parker 31; Elizabeth Williams 76, 82, 84
Kinglake, Alexander 44, 85
Kleidung: *bloomers* 74, 79; für den Europäer 65-67, 73-80, *73*, 160, *161*; für die Europäerin *iv*, 23, 52-54, 65-67, 74, 76, 80, 122-123; Krinolinen 65-66, *155*; für den Orientalen 1-2, 60, 66, 75-77, 80, 82, *84*, *140*, 141, 142, 160, 163; für die Orientalin *iv*, 1-2, 59, 65-73, 66, 68, 69-70, *69*, 74, 75, 77, 79, 111, 112-113, 115, 118-123, *118*, 126, 131, *130*, 132-133; Reisekostüm 20, 35, 53-54, *57*, 65, 66-70, *67*, 73, *78*, 79, *79*, 137, 139-140, 155, *171*; reisetaugliche 65, 66, 72; Untergewänder 35, 65, 66, 73, 109; Wert 82
Krankheiten 51, 57, 60, 61, 62, 107, 167; Geschlechtskrankheiten 165-166; Pest 28, 47, 54, 83
Krimkrieg 12, 25

Lamartine, Marianne-Elisa (gest. 1863), Julia und Alphonse de 70, 85, 147-148
Lane, Edward W. *iv*, 24
Lesseps, Ferdinand de 28 (F.)
Levante s. Syrien
Lewis, John Frederick 17
Libanon: Baalbek 14, *14*, 83, 97; Beirut 5, 14, 31, 47, 54, 70, 72, *159*; und das Osmanische Reich 13; als Reiseland 29, 68, 83, 96, 125, 163; Tripolis 14, 50-51
Libyen: Al-Kufra 23, 59-61; Libysche Wüste 23, 59, 141
Liebesaffären 29, 97, 137, 156-164
Lott, Emmeline (o.D.) 115, *115*

Maillart, Ella (1903-1997) 165
Männer orientalischer Herkunft: Auftreten 74, 144, 145-146, 147-155; Äußeres 137, 141-144, *142*, 145, 151, 156, 158-159; Reisebegleiter (s.a. Dragomane) 57, 60-61; Umgang mit Ausländerinnen 23-24, 49, 75, 99, 137-140, 144-155, 156, 168
Männer westlicher Herkunft: männliche Reisende 14, 15, 17, 20, 23, 54, 60, 65, 109 (F.), 152, 162-163; Reisebegleiter 36, 53, 53-57, 82; Umgang mit reisenden Frauen 23, 48, 70, 80, 99, 101-103, 107, 153, 162-163
Mar Antonius 83
Mar Saba 42, *41*
Martineau, Harriet (1802-1876) 26, 41, 42, 44, 49, 72, 113-114, 117, 118
McCallum, Andrew 38, 91
Mehmed Ali, Pascha 14, 28, 29, 29, 75 (F.), 82, 84, 101, 123, 163
Menopause 47-48
Meryon, Dr. Charles 75, 76, 82-85, *84*, 152
Mesopotamien: Bagdad 7, 15, 46, 55, 57, 63, 93, 94, 98, 99, 100, 127, 141, 158; und das Osmanische Reich 5, 7, 8, 9, 15; als Reiseland 15, 33,

39-40, 48, 56-57, 63, 94-95, *95*, 97-100, 125, 127, 171
al-Mezrab, Medjuel 72, *156*, 158-159, 163, 166
Minutoli, Wolfardine von (o.D.) und Baron von 14
Mirza Yusuf 57, *57*
Missirie, Mrs (o.D.) und James 44, 164
Montagu, Lady Mary Wortley (1689-1762) 1-2, *2*, 3, 12, 19, 21, 68, *68*, 69, *69*, 106, 111, 112-113, 114, 120, *120*, 122, 130-131, *130*, 145-146, 172
Moore, Mrs (o.D.) und Mr 70, *70*, 142, *142*
Müller, Leopold Carl 17, *109*, *147*
Murray's, Reiseführer 41, 46, 162

Naldrett, Sally (o.D.) *s.* Kammerzofen
Napoleon, 14, 29, 101 (F.), 107
Nazli, Prinzessin (o.D.) 123-124
Neimy, Khalil 160, 162
Nerval, Gérard de 152-153
Nightingale, Florence (1820-1910) 25, 153-154
Nordafrika 7, 9, 19, 50, 96, 125, 160; Sahara 50, 60, 160

Orientalismus 17
Osman, Pascha und Sohn 30-31
Osmanisches Reich 2, 7-15, *8*, 66

Palästina (Israel): Jerusalem 7, 13, 31, 34, 53-55, 63, *67*, 95, 96, 106 (F.), 125, 133, 139, 147; und das Osmanische Reich 7, 8, 9, 13; als Reiseland 17, 30-31, 41, 82, 100, 117
Pardoe, Julia (1806-1862) *12*, 19, 20-21, *21*, 113
Parker, Mrs *s.* Kammerzofen
Persien 7, 20, 39, 46, 48, 56-57, 62, 63, 87, 88, 93, 95, 96, 163
Pfeiffer, Ida (1797-1858) 3, 15, 41, 43, 45, 47, 48, 52-56, *52*, 55, 58, 173
Pilgerreisende 13, 14, 17, 30-31
Polygamie 110, 113-114, 115, 162
Poole, Sophia (1804-1891) 24
Poulleau, Alice (o.D.) 5
Prostitution 29, 58, 164-165

Racine, Jean *74*, 110
Reisen: Erschwernisse 28, 31, 39-42, 45-51, 53, 55, 57-58, 60-61, 77, 93, 98, 103, 124; Gefahren 49, 51, 57, 61, 93, 171; Motive 3, 4, 17, 20, 27, 89, 128, 164; Sprachkenntnisse 26, 47, 61, 63, 92, 95, 96, 100, 118, 123, 124, 127, 139, 144, 167; Voraussetzungen 24, 33, 35, 42, 45-46, 47, 51; im Winter 31, 33, 48, 79
Renshaw, Lucy (o.D.) *s.* Edwards, Amelia
Rich, Mary (o.D.) und Claudius James 15
Rogé, Clorinde (o.D.) 29, 76, 165
Ross, Janet (1842-1927) 148
Roxane *74*
Royal Geographical Society 63, 99

Saad, Mme Saghul Pascha 127, *127*
Sackville-West, Vita (1892-1962) 88-89, 100
Saint-Simon, Claude-Henri de Rouvroy 27-28
Saint-Simonistinnen 27-29, *27*, 73, 76, 165
Sainte-Elme, Ida de (1778-1845) 101 (F.)
Salt, Henry 14, 168 (F.)

Sawyer, Major Herbert 56-57
Seton, Grace Thompson (geb.1872) 127, *127*, 128-129, *148*
Shepheard, Samuel (Shepheard's Hotel) 39, 44, 45, 164
Soliman Pascha al-Faransawi (Colonel Joseph Sève) 29, *29*
Stanhope, Lady Hester (1776-1839) 13, 14, 20, 29, 31, 36, 43, 75-76, 81-85, *81*, 106, 117, 125, 140, *140*, 146, 152, 172
Stark, Freya (1893-1993) 23, 48, 62-63, *62*, 80, 99, 127
Sultane 9, 66, 109-110, 142
Sykes, Ella (gest.1939) und Hauptmann Percy 17, 20, 21, 67, 163
Syrien: Aleppo 9, 97, 163; Damaskus 1, 5, 7, *7*, 13, 20, 44, 63, 70, 72, 77-78, 97, 98, 114, 144, 149, 158, 171; Hauran 7, 97; und das Osmanische Reich 7, 8, 9, 13-14; Palmyra, *12*, 14, 36, 72, 78, 82-83, 85, 96, 104, 158, 171; als Reiseland 30-31, 39, 40, 41, 46, 49, *68*, 76, 92, 100, 104-106, 107, 124, 137, *156*, 160, 163; Syrische Wüste 78, 92

Talbot, Gräfin (o.D.) 5
Tausendundeine Nacht 1, 12, 18-21, *87*, 111, 173
Thesiger, Wilfred 23, 80, 99
Thomson, William McLure Rev. 85
Thrale, Hester 166
Tinne, Alexine (1835-1869) und Henriette (oder Harriet, gest. 1863) 23, 50-51, *50*, 141, 173
Tour du monde 35, *50*, 65, *68*, *73*, *78*, 89, *93*, *116*, *126*, 145
Transjordanien 13, 14, 55, 96
Transportmittel: *araba* 34, 36, *36*; Boote und Schiffe 23, 82, 53, 54, 103; Dahabije 19, 37-38, *37*, *38*, 149; *kajaweh* 35-36, *35*; Pferd 31, 34-36, 54, 55, 57, *73*, 79, 96, 125, 139, 140, *140*; *shuqduhf* 35-36; *takhtarawan* 5 (F.), 36; *telega* 36
Trollope, Anthony 52-53, 58
Türkei: Bursa 13, 53; Konstantinopel 5, 9, 12, *12*, 19, 21, 29, 39, 43-44, 45, 53, 70, 72, 82, 98, 109, 113, *114*, 121-123, *121*, 124, 126, 130-131, 133, 140, 142, 160, 165, 166; und das Osmanische Reich 8-9, *8*, 12-13; als Reiseland 1, 7, 30-31, 33, 36, 48, 57, 70, 96, 97, 116, 146, 171; Smyrna 13, *33*, 54

Unterkünfte: private 40, 83-85, *105*, 158; Hotels 39, 43-45, *44*, *45*, 58, 103, 171; Khans (Karawansereien) 31, 33, 39-40, 42, 48, 93; Klöster 40-42, *41*, 83; Kreuzfahrerburgen 40; »Maison de France« 168 (F.), *168*, 169; Zeltlager 39-41, *39*, 42-43, *43*, 60, 65, 88, *106*

Voilquin, Suzanne (1801-ca. 1877) 26, 28-29, 76-77, 165

Walide, Sultanin *12*, 122
Wilkie, Sir David *iv*, 70, *70*, *142*
Williams, Elizabeth *s.* Kammerzofen

X *s.* Jebb, Louisa